Das Brittische Besteuerungs-System,

insbesondere

die Einkommensteuer,

dargestellt,

mit Hinsicht

auf die in der Preussischen Monarchie

zu

treffenden Einrichtungen.

Von

Friedrich von Raumer,

Königl. Preuss. Regierungsrath.

Sterben und Abgaben entrichten muß man überall.

Franklin.

Berlin,

bei J. D. Sander, 1810.

Vorrede.

Zu einer Zeit, wo sich die Staatswirthschaft fast aller Staaten auf dem Continent im tiefsten Verfall befindet, sehen wir die Brittische in ungetrübtem Glanze. Ich weiß sehr wohl, welche unzählige Verhältnisse zu dieser Erscheinung beitrugen, und daß ihr so wenig, wie irgend einer anderen irdischen Erscheinung, ewige Dauer zu versprechen ist; billig sollten wir aber jetzt von den Erfahrneren Rath annehmen, da wir dessen so sehr bedürfen.

Die Geschäfte meines Berufs, und eigene Neigung führten mich zu dieser Untersuchung;

Mangel an vollständigern Hülfsmitteln und dringend nöthige Eil bei der Arbeit mögen die vielen Unvollkommenheiten entschuldigen; der Wunsch, diesen Versuch meinen Mitbürgern eher überreichen zu können, als die großen Verhandlungen über die erforderlichen neuen Steuern, insbesondere über die Einkommensteuer, gänzlich geschlossen sind, mag mich rechtfertigen. Gewiß ist es höchst lehrreich, zu sehen, wie ein großes Volk in einem ähnlichen Falle verfuhr; ich verweise auf das, was historisch besteht und ausgeführt ist, als auf das Wichtigere. Sollte indeß Mancher weniger geneigt seyn, sich mit dem Detail der Brittischen Einrichtungen bekannt zu machen, so bitte ich ihn, nur den ersten, nicht aber den zweiten, Abschnitt zu überschlagen; und die Andeutungen zu beherzigen, welche ich über Verkauf der Domainen, die Grundsteuern, die Repräsentation, das Verhältniß der Stände, über Staats- und Provinzial-Schulden gegeben habe. Geringere Bekanntschaft mit den näheren Verhältnissen mancher Theile von der Monarchie ließ mich besonders auf die Churmark Bezug nehmen; und so möchte bisweilen Churmärkisch anstatt Preussisch gelesen oder wenigstens hinzu gedacht werden müssen. — Dafür bürgt mir mein eignes Gefühl, daß ich, fern von Partheiansicht, nur das gesagt habe, was mir nach der redlichsten Prüfung als nothwendig und heilsam erschienen ist.

Potsdam, den 30. November, 1809.

Uebersicht der Englischen Münzen, Maße, Gewichte u. s. w.

Ein Pfund Sterling (l.) hat 20 Schillinge, ein Schilling (s.) 12 Pence (d). Das Pfund ist etwa einem Carolin, der Schilling 8 Groschen Courant, der Pence $\frac{1}{18}$ eines Thalers, oder einem jetzigen Acht-Pfennigstück, gleich zu achten.

Ein Yard hat 405½ Französische Linien, oder ist $37\frac{3}{10}$ Procent länger, als die Berlinische Elle.

Ein Fuß (foot) hat 12 Zoll (inches); 34 Englische Zoll sind 33 Rheinländischen gleich.

69⅛ gesetzmäßige Englische Meilen gehen auf einen Grad des Aequators, oder betragen 15 geographische (große Deutsche) Meilen, ungefähr zu 11,500 Schritt (23,188 Pariser Fuß).

Das Englische Pfund hält 9439 Holländische As, und ist $3\frac{1}{7}$ pro Ct. leichter, als das Berlinische.

1 Quarter hält 8 Bushel, ein Bushel hält 1801 Französische Cubikzoll. Der Berlinische Schef-

fel hält $2741\frac{1}{2}$ Französische Cubikzoll; der Bu- shel ist also $52\frac{7}{32}$ Procent kleiner, als der Berlinische Scheffel.

1 Barrel Bier hält 32 Gallonen; das Gallon 233 Französische Cubikzoll, oder $4\frac{1}{80}$ Berlinische Quart.

1 Tonne Wein oder Weinessig hält 4 Orthoft, 8 Barrels, 252 Gallonen. Dieses Gallon hält nur $3\frac{3}{10}$ Berlinische Quart.

1 Barrel Seife hält 256 Pfund.

Das Pfund Gold oder Silber hält 12 Unzen und 240 Pfenniggewichte, (pennyweights).

Inhalt.

Erster Abschnitt.

Darstellung des Brittischen Steuer-Systems.

Zweiter Abschnitt.

Prüfung des Englischen Steuer-Systems, und Vergleichung desselben mit den Einrichtungen in der Preussischen Monarchie.

Das Brittische
Besteurungs-System.

Erster Abschnitt.

Von dem Brittischen Steuer-Systeme selbst.

Einleitung.

Adam Smith's unsterbliches Werk über den Nationalreichthum hat in ganz Europa Anhänger gewonnen. Die Verehrung für den großen Mann wird in dem Maße wachsen, als der Sinn für individuelle Selbstständigkeit, für freie menschliche Thätigkeit zunimmt; sie wird abnehmen, wo gewaltsame Einwirkung der Herrscher als alleinige Weisheit erscheinen muß, oder wo Theoretiker, unfähig die vielfachen Erscheinungen des Lebens in ihrer Mannichfaltigkeit und Wechselwirkung zu begreifen, lieber mit todten Formeln Götzendienst treiben.

Damit soll keinesweges behauptet werden, das unaufhörliche Abschreiben, Excerpiren und Wiederkäuen der Lehren jenes Mannes sey besonders verdienstlich oder ergetzlich; — oder gar, es sey unmöglich, nach ihm irgend wichtige eigenthümliche Ideen über die Staatswirthschaft zu erzeugen: — im Gegentheil möchte ein Werk, das die realistische, die physikalische Seite so bearbeitete und darstellte, wie Smith vorzugsweise die ideelle, die ethische Seite behandelt hat, eine sehr nöthige und würdige Ergänzung für die gesammte Wissenschaft werden. —

Wenn nun aber auch die Theorie noch nicht als vollendet erscheint, so ist sie doch der Praxis auf mehrfache Weise zuvorgeeilt. Man hat es nicht der Mühe werth geachtet, die letztere kennen zu lernen; man hat der überaus wichtigen Belehrungen entbehrt, welche aus ihr für die Theorie entspringen, und deshalb die wunderlichsten Mißgriffe bei Anwendung der letzteren auf die wirkliche Welt begangen. —

Nirgends zeigt sich die Nothwendigkeit gegenseitiger Aushülfe und Berichtigung deutlicher, als bei der Lehre von den Abgaben und der Besteurung; wenn hier die verschiedenen Sekten der Theoretiker und Praktiker gegen einander auftreten, so entsteht ein unverständiges und unverständliches Hin- und Wider-Reden, noch ärger als bei dem Thurme zu Babel. Für Wenige ist das Pfingstfest und die Gabe nachgekommen, alle diese Sprachen zu verstehen und eine Concordanz zu bilden, wo Principe und örtliche und zeitliche Verhältnisse nicht in offener Fehde gegen einander sind. Entfernt von der Anmaßung diese Fehden schlichten zu wollen, ja entfernt von dem Glauben an den ewigen staatswissenschaftlichen Frieden; hoffe ich, daß es keiner Parthei unlieb seyn wird, nach manchem Theoretischen aus England, auch ein Wort über die Brittische Praxis zu vernehmen.

Einige glauben, Brittanien sey groß geworden durch Befolgung von Adam Smith's Grundsätzen; Andre, troß und im Widerspruche mit dessen Grundsätzen. Beide haben wohl Recht und Unrecht, wie die Darlegung näher ergeben wird. Gern hätte ich, der Theorie zu Liebe, alle Brittischen Steuern nach einem wissenschaftlichen Grundsatze geordnet: allein es schien mir unmöglich; und vielleicht findet nun deshalb Jemand, der weniger in der Praxis befangen ist, als ich, das ganze Steuer-System verwerflich. Das kurze, allein seligmachende Glaubensbekenntniß der Physiokraten darf sich in so bunter, mannichfaltiger Gesellschaft gar nicht produciren. Smith's Abtheilungen nach den Quellen des Einkommens und der Besteuerung des Ausgabe-Capitals sind vortreffliche Scheidungsmittel zur Feststellung der Bestandtheile; allein wo die Abgaben in der Folge ihres natürlichen Lebens auftreten, sind jene Bestandtheile noch untrennbar vereint. Büsch's Verzeichniß der Steuern auf Erwerb, Besitz und Genuß, scheint sich am leichtesten mit der Praxis des Lebens vertragen zu wollen; allein man vergleiche nur die Englischen Taxen, um sich zu überzeugen, daß eine Aufzählung nach jenem Princip höchst erzwungen ausfallen müßte. Ich gebe deshalb folgende praktische Eintheilung:

Die Brittischen Staats-Einkünfte sind

I. von der Bewilligung des Parliaments unabhängig;

II. von der Bewilligung des Parliaments abhängig.

Zu jenen gehören:

A. die Einkünfte von Domainen;

B. die Einkünfte von einigen Regalien.

Beide flossen sonst in die Privatkasse des Königs, jetzt aber auch in die Staatskasse.

Zu diesen gehören:

1. Steuern, die von dem Parliament für immer bewilligt sind (permanent taxes);
2. Steuern, welche jährlich bewilligt werden (annual taxes);
3. Steuern, welche bei außerordentlichen Vorfällen, oder zu außerordentlichen Zwekken, gewöhnlich für gewisse Zeiträume, bewilligt sind.

Die permanenten Taxen begreifen unter sich Stempel, Zölle, Accise, fixirte Abgaben, besonders von mehreren Gegenständen des Luxus, oder die sogenannten assessed taxes.

Die jährlichen Taxen sind zum Theil als feststehend zu betrachten, obgleich das Parliament jährlich den alten, darüber erlassenen Akten aufs neue Gesetzkraft verleihet: so die Landtaxe und die Malztaxe; andre werden mit der ältern beständigen Steuer gehoben: so die neueren Abgaben vom Malze; weshalb ihrer dort Erwähnung geschehen soll.

Die außerordentlichen Steuern haben zum Theil so specielle Zwecke, daß ich sie übergehen kann, wie die für Convojen während des jetzigen Krieges; oder sie betreffen die ganze Nation, wie die Einkommensteuer.

Ich will zuvörderst der vom Parliament unabhängigen Einnahmen der Domainen und Regalien; dann der von dem Parliament abhängigen Steuern in folgender Ordnung erwähnen:

I. Post.

II. Stempel.

III. Zölle und Accise.

a. Allgemeine Vorschriften über die Verwaltung.

b. Von den Zöllen und der Accise selbst.

IV. Grundsätze über die Verwaltung und Erhebung der Landtaxe.

V. Von den fixirten Taxen (assessed taxes).

VI. Von der Einkommensteuer.

I.

Von dem Brittischen Steuer-Systeme selbst.

A. Von den Domainen.

Die Könige von England besaßen im Mittelalter, gleich allen übrigen Europäischen Regenten, bald mehr bald weniger Domainen: sie mehrten sich durch Heimfall von Lehnen oder Confiscationen; sie minderten sich durch Verleihung oder Verpfändung, je nachdem militärisches oder finanzielles Bedürfniß vorzüglich drängte. Vor Heinrich VII scheint keine staatswissenschaftliche Idee das Verfahren eines Königs geleitet zu haben; erst dieser — nachdem mancher große Baron in den Kämpfen der weißen und rothen Rose gefallen war — an Domainen reiche König, faßte den Entschluß, diese Besitzungen zu zertheilen und einzelnen Eigenthümern zu überlassen. Durch diesen Entschluß, durch die spätere Zertheilung vieler geistlichen Güter während der Reformation, durch tausend Ursachen, welche die gleiche Maßregel den größeren Gutsbesitzern oft heilsam erscheinen liessen, entstand die zahlreiche Classe der Freigutsbesitzer (freeholders): ein fester Grund und Stamm der Englischen Freiheit und Verfassung selbst, ein Hauptmittel zur Weckung der vielfachsten Thätigkeit. Der Uebergang so vieler Domainen in Privathände hob alle Beschwerde und Willkühr der eignen Administration, die Unsicherheit welche bloße Zeitbesitzer drückt, die Veranlassung das Interesse einzelner Gewerbszweige andern nachzusetzen, welche weniger genau mit dem Staatsoberhaupte in Verbindung stehen, das fehlerhafte Verhältniß, wonach der Regent zugleich der größte Grundbesitzer ist. Freilich ist es auch wohl Einzelnen in England von Zeit zu Zeit eingefallen, darüber zu klagen, daß der Staat nicht große Ausgaben von Domainen-Einkünften bestreiten könne; allein Theorie und Erfahrung führten überwiegend zu der Gewißheit, daß das Daseyn der Domainen die gesammte Einnahme der Nation, wovon zuletzt jede Ausgabe bestritten werden muß, verringert haben würde, und daß alles Eigenthum und Einkommen jedes Bürgers Staats-Domaine ist; nur auf eine Weise, die von jener rohen Ansicht durchaus abweicht.

Itzt sind, Theils durch jene preiswürdige Maßregel Heinrichs VII, Theils durch Veranlassungen, die an sich weniger gut, aber in den Folgen gleichfalls heilsam waren, die Domainen so geschmolzen, daß nur noch einzelne Ländereien und Forsten dazu gerechnet werden, welche sehr geringen Ertrag geben.

B. Von den Regalien.

Hieher lassen sich unbedeutende Sporteln für Ausübung der Gerichtsbarkeit, Einkünfte von herren- und erblosen Gütern, ein Theil der gefundenen Schätze, und endlich einige Hebungen von ehemals päpstlichen Anrechten zählen. So wie man aber in England nicht daran glaubt, daß der Regent Grundeigenthümer seyn müsse; so weiß man auch nichts von der Lehre, daß, oberpolizeilicher Rücksichten wegen, der Staat allein dieses oder jenes Gewerbe treiben könne und müsse.

Noch weniger ist man mit der Meinung behaftet, der Staat müsse, bloß um Einkünfte zu ziehen, mit einzelnen Gegenständen, etwa mit Taback, Salz, Porzellan u. s. w. handeln. Das Münzrecht hat der Staat sich aus zureichenden Gründen vorbehalten; allein wir Deutschen werden es kaum ein Regale nennen wollen, da es nicht allein nichts einbringt, sondern — weil, wohl mit Unrecht, gar kein Schlagschatz genommen wird — selbst Ausgaben verursacht.

Privat-Lotterieen sind verboten; der Staat kann am besten ohne Betrug von der Sucht der Menschen, ohne Thätigkeit zu erwerben, Gewinn ziehen. Die Größe des Einsatzes bei der Englischen Staatslotterie hindert übrigens jeden nachtheiligen Einfluß auf die ärmere Classe der Bewohner.

1. Post.

Nur die Briefpost ist in Brittanien ein Institut des Staats. Jeder der hierbei einen Dienst erhält, muß schwören, keinen Brief zu öffnen oder zu veruntreuen, bei 20 l. Strafe, und Verlust des Amtes. Die schwerere Criminal-Strafe, selbst gegen bloße Mitwisser oder Helfer, tritt hinzu, wenn Geld oder Geldeswerth dabei untergeschlagen worden ist. Ein halbes Loth oder ¼ Unze ist das Gewicht eines einfachen, ½ Unze eines doppelten, ¾ Unze eines dreifachen Briefes, und so fort in steigendem Verhältniß. Das Porto beträgt für

a) einen einfachen Brief auf	15	Meilen		3 d.
	30	„		4
	50	„		5
	80	„		6
	120	„		7 u.s.w.
b) einen doppelten — —	15	„		6
	30	„		8
	50	„		10
	80	„	1 s.	—
	120	„	1	2 u.s.w.
c) einen dreifachen — —	15	„		9 d.
	30	„	1 s.	—
	50	„	1	3
	80	„	1	6
	120	„	1	9 u.s.w.

d) einen vierfachen Br. auf 15 Engl. M. 1 s.

30	:	1	4 d.
50	:	1	8
80	:	2	—
120	:	2	4, u. s. w.

Nach Irland kostet, über dieser Taxe,

ein einfacher Brief	2 d.
ein doppelter	4
ein dreifacher	6
ein vierfacher	8

Ein einfacher Brief nach Portugall oder dem Brittischen Amerika kostet 1 s., ein doppelter 2, ein dreifacher 3 s., u. s. w.

Nach andern nicht Brittischen Ländern, wird, außer dem inländischen Porto, bezahlt für den einfachen Brief 4 d., für den doppelten 8 d., und so immer 4 d. mehr. Für obiges Porto werden in England, wenn man auf einer Poststation wohnt, die Briefe auch in's Haus geschickt; dagegen findet specielle Uebereinkunft wegen der Vergütung Statt, wenn der Empfänger nicht an der Poststraße wohnt. Nur in London und einigen andern großen Städten übernimmt die pennypost dies Geschäft; sie hat ihre besondere Taxe und darf nicht über 4 Unzen schwere Briefe befördern. Privatpersonen welche sich mit Versendung von Briefen abgeben, trifft eine bedeutende Geldstrafe; dagegen ist es erlaubt, reisenden Freunden Briefe anzuvertrauen, den Fuhrleuten und Schiffern neben den Waaren Briefe ohne Bezahlung mitzugeben, endlich, Briefe nach Belieben mit Boten zu versenden. Nicht bezahltes, oder nicht richtig abgeliefertes Postgeld wird von dem Friedensrichter beigetrieben, und geht allen Privatschulden vor. Die Briefpost zahlt weder Chaussee-Geld, noch Zoll. Der Postknecht, welcher nicht bei dem Felleisen bleibt, einem Andern zu fahren oder zu reiten erlaubt, oder die Briefe nicht in einer Stunde 6 Englische Meilen befördert, kommt auf 14 Tage bis 4 Wochen in's Arbeitshaus: — bis 2 Monat, wenn er sich unterstanden hat, für seine Rechnung Briefe mitzunehmen.

Für jedes gestellte Pferd zur außerordentlichen Fortschaffung von Briefen, nach Art unsrer Staffetten, so wie zum Reiten, wird für die

Meile gezahlt 3 d., und im letzteren Falle für den Begleiter und das zweite Pferd 4 d. — Alsdann darf man 80 Pfund Gepäck frei mitnehmen.

Vermuthet der Postmeister verbotene Waaren in einem Packete, so bringt er es zu einem Friedensrichter der Grafschaft, oder zu der ersten Magistratsperson des Ortes. Hier wird ein nicht über 2 Zoll langer Einschnitt gemacht; und falls sich ergiebt, daß der Verdacht ungegründet gewesen ist, das Packet wieder verschlossen und ein Attest über das Geschehene beigefügt. Im entgegengesetzten Falle öffnet man das Packet ganz, zerstört die Waare, und sendet den Brief mit beigefügter protokollarischer Erklärung an den Ort der Bestimmung.

Portofrei sind:

a. die Briefe an und von dem König;

b. die, welche höhere Behörden senden und empfangen;

c. an und von Parliamentsmitgliedern; diese jedoch nur unter mehreren Beschränkungen: so dürfen sie nicht über 1 Unze schwer seyn;

Keiner

Keiner darf täglich mehr als 10 Briefe frei absenden und 15 empfangen; die Aufschrift der abgehenden Briefe muß von dem Parliamentsgliede selbst seyn.

d. Soldaten oder Seeleute, welche Briefe absenden oder empfangen, zahlen nie mehr als einen d.; doch müssen die gehörigen Atteste vom Befehlshaber über Namen, Regiment, Schiff u. s. w. beigefügt seyn.

Die fahrende Post, die Postkutschen und die Packetboote werden nicht vom Staate selbst unmittelbar gehalten; sie sind aber gewissen Abgaben unterworfen, und stehen unter polizeilicher Aufsicht. Jeder, welcher Pferde, oder Wagen, oder beides, stationenweise verleihen will, muß dazu jährlich einen Erlaubnißschein, eine Licenz lösen, welche 5 s. kostet, und von zwei Stempel-Commissarien ausgestellt wird. In dieser Licenz ist der Ort woher, der Ort wohin man verleihet, die Entfernung beider, und bei Postkutschen, zur Vermeidung mancher Gefahr, auch in polizeilicher Hinsicht, die Zahl der, besonders auf der Außenseite, aufzunehmenden Passagiere ausgedrückt. Nachlässige Postknechte, oder vielmehr Kutscher der licentiirten Kutschen, welche umwerfen, müssen 2 bis 5 l. Strafe erlegen; oder, an ihrer Stelle, wenn sie unvermögend sind, der Eigenthümer des Postwagens. Die Eine Hälfte der Strafe erhält der Denunciant; die andre der Aufseher der Straßen, zur Ausbesserung derselben.

Von jeder Postkutsche werden für die Meile 2 d. Stempelgeld bezahlt; von jedem Post- oder Miethspferde entrichtet der Miether für die Meile 1½ d. Ist die Entfernung nicht bestimmt, so rechnet man für den Tag 1 s. 9 d. oder 14 Meilen. Nach diesen Sätzen findet jedoch keine Vermiethung über 28 Tage Statt; bei längeren Zeiträumen treten andre Bestimmungen des Stempeledicts ein, und es müssen darüber, dem gesetzlichen Schema gemäß, besondre Nachweisungen gehalten werden. Wenn man Knechte mit den Pferden und Wagen verleihet, so tritt neben obiger Abgabe nicht die fixirte Steuer von den Knechten ein, wohl aber, wenn sie ohne Pferde und Wagen vermiethet werden. Die jährliche firirte Abgabe (assessed tax) von 8 l. 8 s. für den Wagen wird aber, außer jenen Stempeln, stets besonders entrichtet. Die Vermiether erhalten nämlich eine Quantität Steuerzettel (tickets), welche sie den Miethern zur Berichtigung der Abgabe zustellen; sie halten darüber Buch, und liefern der Stempelbehörde die Wochenzettel mit dem Gelde ab. Sie müssen vorher Caution stellen, und schwören, die Zettel richtig auszutheilen und die Einnahme zu berechnen; sie erhalten 3 d. vom Pfunde, als Vergütung für ihre Bemühung. Es ist untersagt, Zettel welche auf Tage lauten zu nehmen, sobald die Meilenzahl und der Wechsel der Stationen bestimmt ist. Ohne Steuerzettel wird niemand beim Schlagbaum der Chausseen oder an den Thoren durchgelassen; sie werden daselbst ausgewechselt und von den Thorhütern oder Chaussee-Einnehmern dem Steuereinnehmer abgeliefert. Die erstern erhalten 3 d. vom l. für jenes Geschäft. Wo es an Chaussee-Häusern, oder überhaupt an Gelegenheit fehlt, jene Steuerzettel auszutauschen und zu controlliren, können die Hebungs-

*

Commissarien dazu die nöthigen Anstalten treffen lassen. An alle Postkutschen muß der Eigenthümer seinen Namen schreiben; an das Haus oder den Stall ꝛc. dagegen: „licentiirt zur Verleihung von Postpferden." Alle Friedensrichter, Constables, kurz, alle öffentliche Beamten, sind angewiesen, jede zur Handhabung der Vorschriften der Postordnung nöthige Hülfe zu leisten. Auf Uebertretung dieser Vorschriften stehen viele Geldstrafen; die Eine Hälfte derselben erhält der König, das heißt der Staat; die andre Hälfte der Denunciant; und jener das Ganze nur in dem Falle, wenn die Sache nicht sechs Monathe nach der That anhängig gemacht worden ist. Ueber Strafen von mehr als 50 l. erkennt der königliche Gerichtshof in Westminster; über geringere ein Friedensrichter. Von diesem geht die Appellation an die Quartal-Sitzungen zur Final-Entscheidung: trifft die nächste dieser Sitzungen schon sechs Tage nach dem ersten Urtheil ein, so wird erst in der folgenden über die Sache gesprochen.

C. Verpachtung dieser Einnahme.

Die Stempel-Commissarien dürfen, im Auftrage der Commissarien der Schatzkammer, jene Einnahmen von Postkutschen und Postpferden, nach öffentlicher Verkündigung durch die Zeitungen, für angemessen begränzte Districte an den Meistbietenden verpachten. Die Pachtperiode ist nie länger als drei Jahr, und die sechsmonathliche Kündigung des Contrakts wird stets vorbehalten. Nach den Einnahmen der letztvergangenen Jahre wird die geringste Summe ausgemittelt, für welche der Zuschlag erfolgen darf. Der Meistbietende stellt Caution, und erhält das Recht zur Einhebung, und zur Anordnung aller gesetzlichen Maßregeln. Niemand der selbst Pferde oder Wagen verleihet, darf an solcher Pachtung der Gefälle Theil nehmen. —

2. Stempel.

Im Jahre 1804 wurden die alten Stempelgesetze durch ein neues Edict berichtigt und geordnet; allein noch immer ist eine außerordentliche Menge von Gegenständen nach mannichfaltigen Sätzen und näheren Bestimmungen dieser Abgabe unterworfen. Besonders greifen diese Bestimmungen ein in die feinsten Verhältnisse der Englischen Gerichtsverfassung, welche hier nicht dargestellt werden können. Es genügt deshalb, eine Uebersicht von den Haupt-Klassen der Stempel zu geben und nur einzelne merkwürdige Abgabesätze herauszuheben.

1. Gerichtsstempel (Law-stamps), bei Uebernehmung gerichtlicher Würden, und bei Verhandlungen in Civilprozessen, nach sehr mannichfaltigen Sätzen.

2. Geistliche Stempel, bei Verhandlungen vor geistlichen Gerichten, und bei Uebernahme geistlicher Würden.

3. Admiralitätsstempel, bei Verhandlungen vor dem Admiralitätsgericht und dem Gerichte der fünf Häfen (Cinque-ports).

4. Vertragsstempel. Dahin gehören:

a) verpflichtende Instrumente bei Pachtungen, Miethe, Bestätigungen, Schenkungen, Ernennungen u. s. w.. Für die ersten 30 Seiten, die Seite zu 72 Worten gerechnet, wird gezahlt 1 l. 10 s.; für jede 15 folgenden Seiten von gleicher Beschaffenheit 1 l.

b) Schuld- und Pfandverschreibungen auf dingliche oder persönliche Sicherheit. Beläuft sich die Summe bis

auf 100 l., so kostet der Stempel	1 l.	10 s.
100 l. bis 300 l. . . .	2	
bis 500 . . .	3	
bis 1000 . . .	4	
bis 2000 . . .	5	

u. s. f. steigend, bis 20000 l., welche 20 l. zahlen; weitere Erhöhung findet nicht Statt. Enthält ein solches Instrument mehr als 30 Seiten, so tritt hier gleichfalls die schon erwähnte Erhöhung besonders ein.

c) Verschreibungen in Wechselform (bonds), wohin z. B. Scheine gehören, welche das Versprechen enthalten, gestundete Abgaben nach einer bestimmten Frist zu zahlen. Der Stempel beträgt

bis 100 l. . . .	1 l.	
bis 300 . . .	1	10 s.

bis 500 l. . . . 2 l.

bis 1000 . . . 3

u. s. w. Ueber 20 l. von 20000 l. steigt der Stempel nicht.

d) Verträge wegen Annahme von Lehrlingen (indenture of apprenticeship), wenn die dafür versprochne oder gezahlte Summe nicht über

10 l. beträgt . . . 15 s.

bis 20 . . . . 1 l. 10

bis 50 . . . . 2 — 10

bis 100 5

bis 300 12

über 300 20

e) Uebertragung von Capital (stock) in irgend einer Gesellschaft; — die Bank, Südseecompagnie, und die Kapitale ausgenommen, welche in den Fonds des Staates stehen (stocks in government funds).

Bei jeder Uebertragung bis

100 l. beträgt der Stempel 1 l. 10 s.

bis 200 . . . 2

bis 300 l. = = = = 2 l. 10 s.
bis 400 = = = = 3

und so steigend bis 10000 l., welche 20 l. entrichten.

f) Polizen bei Feuer- und Schiffsversicherungen, nach sehr mannichfaltigen näheren Bestimmungen. Endlich gehören hieher

g) Stempel für Ertheilung von Aemtern, Würden, Privilegien, ꝛc.

5. Stempel der Licenzen für Höker, Detailhändler, Verkäufer von geheimen, jedoch approbirten, Arzneien, desgl. Licenzen für die Verkäufer von Lotterieloosen, für die Vermiether von Pferden und Wagen, u. s. w.

6. Stempel von Zeitungen, die nicht über eine gewisse Länge und Breite haben dürfen, von Pamphleten die nicht über einen Bogen betragen, von Kalendern und allen Schriften welche die Stelle der Kalender vertreten oder dieselben zugleich enthalten: nur Bibeln und gewöhnliche Gebetbücher ausgenommen, wenn ihnen gleich ein Kalender beigefügt ist.

7. Handelsstempel. Dahin gehören:

a) wechselmäßige Anweisungen, unter näheren Beschränkungen.

b) Wechsel welche lauten zwischen

40 s. und 5 l. 5 s.,		zahlen	8 d.
von 5 l. 5 s. bis	30 l.	=	1 s. 6
bis	50 l.	=	2 —
bis	100	=	3 —
bis	200	=	4 —
bis	500	=	5 —
bis	1000	=	7 —
über	1000	=	10 —

Befreiet von diesen Abgaben sind:

α) alle Anweisungen und Trassirungen auf einen Bankier, welcher nur zehn Meilen entfernt wohnt;

β) alle Anweisungen und Noten, ausgestellt von Officianten, zum Behuf der Armee, der Flotte, des Proviantwesens, u. s. w.;

γ) alle Wechsel und Noten der Bank von England, unter der Bedingung, daß sie jährlich die dafür festgesetzte runde Summe von 32,000 l. wirklich abzahlt. (Aus die=

ser Vergleichssumme läßt sich auf die ungemein großen Geschäfte der Bank schließen.)

c) Quittungen für empfangenes Geld. Von

2 bis 10 l. werden gezahlt				2 p.
bis 20	=	=	—	4
bis 50	=	=	—	8
bis 100	=	=	1 s.	—
bis 200	=	=	2	—
bis 500	=	=	3	—
über 500	=	=	5	—

Ausgenommen sind:

α) Quittungen über Sold;

β) über öffentliche Stocks, desgleichen über Stocks der Bank, der Ostindischen oder Südsee = Compagnie, welche verkauft werden;

γ) Quittungen über Geld, das in der Bank oder bei Bankiers deponirt war;

δ) Quittungen auf die Rückseite von Wechseln geschrieben, welche schon einem andern Stempel unterworfen sind;

ε) Quittungen, hinter die bereits gestempelten Verträge geschrieben;

ζ) Quittungen über bezahlte öffentliche Abgaben, u. s. w.

Diese Stempel zahlt in der Regel der Aussteller der Quittung; — Quittungen ohne Stempel beweisen vor Gericht nicht.

8. Stempel für Bestätigung und für vidimirte Abschriften von Testamenten, desgl. für Autorisationen der Behörden zur Administrirung irgend eines Vermögens (**stamps on probates of will, or letters of administration for any estate**). Wenn der Betrag zwischen

20 und 100 l. ist, so gilt der Stempel			10 s.
bis 200	"	"	2 l. —
bis 300	"	"	5 —
bis 450	"	"	8 —

und so fort, sehr rasch anwachsend. So geben

1000	bis	1500 l.	30 l.
20,000	—	25,000	210
100,000	—	125,000	1,200
400,000	—	500,000	5,000
über 500,000			6,000

Die Erben von Matrosen oder Soldaten, die

im Kriege umgekommen sind, zahlen diese Abgabe nicht.

9. Erbschafts-Stempel (stamps on legacies).

Die Größe dieser Abgabe hat oft gewechselt. Itzt muß von der reinen Erbschaft, d. h. für das wirklich (nach Abzug der Schulden, Begräbnißkosten, Lasten) empfangene Geld oder Gut gezahlt werden:

a) von der Witwe und von Mitgliedern der königlichen Familie, die bedacht worden sind, .	nichts.	
b) von Descendenten für 100 l.	1 l.	s.
c) von den Brüdern, Schwestern und deren Descendenten . .	2	10
d) von Vater- und Mutter-Brüdern oder Schwestern, und von deren Descendenten . . .	4	—
e) von den Brüdern und Schwestern des Großvaters und der Großmutter, und von deren Descendenten	5	—
f) von allen entfernteren Verwandten und von Fremden . .	10	—

Das Vermächtniß einer jährlichen Rente für immer oder auf Lebenszeit wird nach gesetzlichen Tafeln zu Capital berechnet. Den Werth der Grundstücke müssen bei entstandenen Zweifeln die Commissarien für die Landtaxe ausmitteln. Legate von Büchern, Gemählden, Medaillen u. s. w. an Schulen oder ähnliche Corporationen sind frei von der Abgabe. Die Stempel-Commissarien vertheilen gedruckte Formulare, zur Bescheinigung der empfangenen Erbschaft, und heben die gesetzlichen Summen.

10. Stempel für edle Metalle.

Für jede Unze verarbeitetes Gold 16s.

— — — Silber 1—3d

Ausgenommen sind von der Besteurung: Uhrgehäuse, Ketten, Halsbandknöpfe und Schlößchen, Filigranarbeit, Hemdenknöpfe, Medaillen, Mundstücke oder Röhren an porzellainenen und fayancenen Theeköpfen, Beschläge die nicht über 10 penny wiegen, und andre silberne Waaren unter 5 penny Gewicht. Die letztere Regel hat aber wieder mehrere Ausnahmen; denn viele dahin gehörige Objecte sind dennoch besteuert: z. B. Petschafte, Schuhschnallen, Theelöffel, Theebüchsen, u. s. w. Bei der Ausfuhr wird der Stempel größten Theils, aber doch nicht ganz, vergütet.

11. Unter vielfachen andern Stempeln erwähne ich nur den auf Spielkarten mit 2 s. 6 d. vom Spiele; vom Paar Würfel 1 l.; ferner von Hüten nach verschiedenen Sätzen, von Rennpferden, u. s. w.

Zu den wichtigern allgemeinen Vorschriften gehören:

a) Wenn Jemand Stempel voraus bezahlt, oder wenn die zu zahlende Summe in gewissen Fällen sehr groß wird, so finden Procente als Vergütung, Statt.

b) Armen- und Soldatensachen sind stempelfrei.

c) Unter dem Vorwande, als gehöre die Sache unter zwei Rubriken, soll nie ein doppelter Stempel gefordert werden.

d) Das Nachstempeln auf schon beschriebenes Papier ist verboten.

e) Der Denuncianten-Antheil der sehr mannichfaltigen Strafen darf nie die Hälfte übersteigen; den Rest bezieht der König. Die Strafe kann niedergeschlagen werden, wo die Fehler und die Umgehung der Stempel nicht vorsätzlich geschehen sind.

f) Der Friedensrichter urtheilt über die Verpflichtung, Geldstrafen zu erlegen; die Appellation geht an die Quartal-Sitzungen.

3. Zölle und Accise (Customs and excise.)

Die Begriffe von Zoll und Accise sind in England so wenig wie in andern Ländern wissenschaftlich streng gesondert und danach Hebung und Administration vertheilt; denn wenn man auch nicht Geleits- und Wegegeld mit eigentlichen Einfuhr- und Ausfuhrzöllen verwechselte, so waren die letzteren doch oft nur Consumtions-Steuern, die man von der fremden Waare, zahlbar vom Inländer, oder von der einheimischen Waare, zahlbar vom Ausländer, erhob. Bisweilen wird selbst gleichzeitig und von demselben

ben Object Zoll und Accise gehoben, welche Abgaben sich nur in der Berechnungsart unterscheiden, nicht in ihren Wirkungen, wonach sie den Consumenten treffen. Ja, das Letztere möchte ganz allgemein behauptet werden können, wenn es nicht bedenklich schiene, alles was bei der Ausgabe, und nicht unmittelbar bei der Einnahme, für den Staat gezahlt wird, Consumtions-Steuer zu nennen. So dürfte eine Abgabe von Fabrikation der Mauer- und Dachsteine, von Fabrikation des Glases, welche in den Brittischen Gesetzen als Accise erscheint, verglichen mit einer Abgabe von Bier, Branntwein u. s. w., nur uneigentlich für Consumtions-Steuer gelten können. Nicht minder scheint die praktische (nicht wissenschaftliche) Erklärung von Stempelabgaben nicht auf Abgaben von der Fabrikation der Hüte u. s. w. passen zu wollen; denn eben so gut könnten diese zur Accise, die obigen von Glas und Mauersteinen aber bei veränderter Hebungsart zu den Stempeln übergehen. Ich muß mich deshalb, und aus den in der Einleitung berührten Gründen, lediglich an die jetzt wirklich bestehende Einrichtung halten, und zuerst

A. Von den Zöllen im Allgemeinen

reden. Schon von den ältesten Zeiten her fanden Zölle Statt: neue wurden eingeführt, wenn es das Bedürfniß und richtige oder falsche Handels-Politik erheischte; es wurden Vorschriften ertheilt über die Art der Hebung, die Verhütung von Betrug u. s. w. Diese unabsehliche Menge einzelner Bestimmungen war nirgends zu einem Ganzen geordnet; es gehörte lange Erfahrung und ein so mühsames Studium dazu, sie kennen zu lernen, daß die Brittischen Handlungshäuser darauf eigne Comtoir-Bedienten halten mußten. Endlich bewirkte William Pitt — dessen Größe man erst dann wird gehörig würdigen können, wenn man einsieht, welche Größe ihm oft gegenüber, und welche Kleinheit ihm stets zur Seite stand — im 27ten und vollständiger im 43ten Jahre von Georgs III Regierung, daß alle Zölle und dahin gehörigen Abgaben für Einfuhr und Ausfuhr von Waaren und Gütern, alle Rückzölle, Nachschuß- und Erhöhungsgelder u. s. w. aufgehoben und eine neue Zollrolle entworfen wurde. In derselben steht in leicht zu übersehender Ordnung und an Einer Stelle die ganze zu zahlende Abgabe. Es ist unmöglich und überflüßig, den Betrag für jede einzelne Waare hier aufzuführen; wohl aber muß ich bemerken, daß die Eingangszölle hoch, die Ausgangszölle gering sind. Jene betragen für eine große Menge Gegenstände 27½ vom Hundert des angegebenen Werthes; 25 vom Hundert werden in der Regel bei der Ausfuhr zurückgezahlt. Um Betriegereien bei Angaben des Werthes vorzubeugen, ist es, unter näheren Bestimmungen, den Zoll-Officianten erlaubt, dem Eigenthümer 10 p. C. Gewinn anzubieten und die Waare öffentlich zu versteigern. Durch jene neue Zollordnung wurden die Privilegien mancher Städte auf bestimmte Hebungen, so wie die früheren Exemtionen, nicht angetastet; auch die Erhebungsart und die Strafen blieben unverändert.

Keine Waare darf, bei Strafe der Confiscation, vom Schiffe an's Land gebracht werden, ehe die Abgaben berichtigt sind; geschieht diese Ausschiffung erweislich, mit dem Vorsatze, die Steuer nicht zu zahlen, so wird außerdem der dreifache Werth der Waare entrichtet; das Boot, der Wagen, die Pferde u. s. w., womit die Waare transportirt wurde, sind verfallen, und Personen welche Hülfe leisteten, können vom Friedensrichter auf Ein bis drei Jahr in's Arbeitshaus geschickt werden. Güter, die unverzollt aus einem großen Schiffe in Boote geladen wurden, können nebst dem Boote confiscirt und 100 l. Strafe von dem Kaymeister (wharfinger) eingezogen werden. Für den Schiffszahlmeister und Bootsmann beträgt die Strafe den halben Werth der confiscirten Güter; Träger, Karrenschieber u. s. w., welche dabei Hülfe geleistet haben, werden für die erste Uebertretung gefangen gesetzt, bis sie Bürgschaft wegen ihres künftigen guten Benehmens (surety of good behaviour) stellen; beim zweiten Falle bleiben sie zwei Monath in der Haft, wenn sie anders nicht 5 l. bezahlen, oder das Gericht der Schatzkammer (court of exchequer) sie freispricht. Findet man Güter in

kleineren Schiffen, oder zu Lande von der See-
seite her kommend, oder anderwärts auf Anzeige
einer glaubhaften Person; so wird vorausgesetzt,
daß die Abgabe nicht gezahlt sey, und die De-
position in königlichen Waarenlagern tritt ein,
bis der Beweis der Versteuerung oder eines ge-
setzlichen Ankaufs geführt ist. Kein Schiff mit
verbotenen Gütern soll ohne zureichenden Grund
in einen Hafen einlaufen, oder innerhalb zweier
Seemeilen (leagues) von der Küste ankern, oder
sich ungewöhnlich lange daselbst aufhalten (hover),
bei Strafe der Confiscation des Schiffs und der
Waaren, wenn anders jenes nicht über 50 Ton-
nen hält, und wenn der Eigenthümer schuldig ist.
Zwingt Sturm oder andres Unglück zum Ein-
laufen, so muß sogleich der Zollbehörde Anzeige
geschehen. Gegen Rückzölle ausgeführte, heim-
lich zurückgebrachte, fremde Waaren, werden mit
Booten, Wagen und Pferden confiscirt, wenn
die Eigenthümer der letztern mitwissend und mit-
schuldig sind; außerdem ist die doppelte Erlegung
der Rückzölle vorgeschrieben. — Ich übergehe an-
dre ähnliche Bestimmungen über die Strafen,

Verbote, die an der Küste zu treffenden Sicherheitsmaßregeln, u. s. w.. Die letzteren sind besonders streng gegen die Einfuhr von Thee auf Schiffen, die nicht der Ostindischen Compagnie gehören, und gegen die Einfuhr von Branntwein.

Wissentlicher Kauf und Verkauf nicht versteuerter Güter wird bestraft, selbst an den Trägern der Waaren, wenn sie ihre Unschuld nicht nachweisen. Das Angeben der Mitschuldigen befreiet dagegen in den meisten Fällen nicht allein von der Strafe, sondern wird sogar belohnt. Der Eigenthümer, nicht der Officiant, muß beweisen, daß die Güter versteuert worden sind. In jedem Schiffe soll die Zollakte gedruckt angeschlagen seyn. Die Zolleinnehmer müssen schwören, außer ihrem Gehalte schlechterdings nichts anzunehmen, zu veruntreuen u. s. w.. Sie können, nach Empfang eines allgemeinen Dekrets aus der Schatzkammer, welches Gerichtspersonen verpflichtet ihnen Hülfe zu leisten (writ of assistance out of the exchequer), in Gesellschaft eines Constable Haussuchung halten, und, bei der streng verbotenen Widersetzlichkeit, sogar Thüren und Schränke erbrechen. Die Accise-Officianten sind, gleich den Zollbedienten, zu Confiscationen berechtigt. Alle Untersuchungen über Confiscationen bis 15 Tonnen, über Pferde und Wagen in den oben erwähnten Fällen, entscheiden zwei Friedensrichter nach summarischer Prüfung; und von ihrem Ausspruche findet keine Appellation Statt. Sie dürfen die Strafen, welche in der Regel halb der König, halb der Angeber und der ergreifende Officiant erhält, mildern, doch nicht unter die Hälfte des gesetzlichen Betrages. Beschwerden über die Zoll-Officianten, besonders wegen Vernachlässigung ihres Amtes, werden vor dem Friedensrichter angebracht, welcher die Sache prüft und die Akten an die Haupt-Commissionen für die Accise und die Zölle sendet, welche zur Bestrafung und zur Entlassung der Schuldigen berechtigt sind. —

Mit den Zollgesetzen sind mehrere merkwürdige polizeiliche Bestimmungen über die Aufnahme der Passagiere und ihre Versorgung auf den Schiffen in Verbindung gesetzt, welche Erwähnung verdienen, ob sie gleich nicht zunächst mit dem Steuerwesen zusammenhangen.

Auf zwei Tonnen Schiffslast kann ein Mensch mitgenommen werden; ist aber die Tonnenladung des Schiffes voll, so darf keine Ueberladung durch Menschen geschehen. In nicht-Brittischen Schiffen wird nur auf fünf Tonnen ein Passagier gerechnet. Die Gesetze bestimmen, bei Strafe, gewisse Quantitäten Wasser und Lebensmittel, welche für jeden Menschen bei gegebenen Entfernungen mitgenommen werden müssen. Der Zollbediente prüft, vor Ertheilung der Erlaubniß zum Absegeln, die Zahl der Personen und jene Vorräthe; 200 l. Strafe steht auf die nachherige Ausschiffung von Lebensmitteln. Auf Verlangen kann der Officiant Jedem, der nicht Matrose ist, erlauben, ungeachtet des bereits geschlossenen Fahr-Contracts, wieder an's Land zu gehen; und es bleibt den Partheien überlassen, sich deshalb weiter in Anspruch zu nehmen. Kein Passagier darf, bei 500 l. Strafe, an einem Orte eingeschifft werden, wo kein Zoll-Officiant revidiren kann. Befinden sich 50 Menschen auf einem Schiffe, so muß ein Arzt und eine angemessene Apotheke vorhanden seyn. Jener ist verpflichtet, die Menge und die Beschaffenheit der Arzneimittel in einem genauen Verzeichnisse anzugeben und dasselbe zu beschwören; dann aber auch ein genaues Tagebuch über die Kranken und ihre Behandlungsart zu halten und am Schlusse der Reise vorzulegen. Der Eigenthümer des Schiffs muß für jeden Passagier, welchen er mitnimmt, 20 l. Bürgschaft stellen, daß das Schiff fest und tüchtig (sea-worthy) sey. Jeder Englische Marine-Capitain, welcher einem Schiffe begegnet, ist berechtigt, das Verzeichniß der Personen, und die Vorräthe von Lebensmitteln zu untersuchen, und, wenn die letztern unzureichend befunden werden, das Schiff zurückzusenden, oder zum Ankauf in dem nächsten Hafen anzuhalten.

B. Von der Accise im Allgemeinen.

England ist, mit Ausnahme der Gegend von London, in funfzig Haupt-Accisekreise (collections) getheilt, welche in der Regel nicht mit andern Abtheilungen, z. B. nach Grafschaften,

Kreisen für die Landtaxe u. s. w. zusammen treffen. Jeder Hauptkreis zerfällt wieder in Distrikte, und diese in noch kleinere Abtheilungen (foot-walks and out-rides). Den Hauptkreisen stehen Ober- und Unter-Commissarien, den Distrikten, Oberrevisoren (supervisors), den kleinen Abtheilungen Aufseher (gagers) vor. Der König besetzt die oberste Accisebehörde (board of excise) in London, und ernennt auch die Commissarien und Oberrevisoren. Dagegen haben die Commissarien das Recht, in den Marktplätzen Personen zu wählen, welche die Hebungen besorgen: sie setzen, ohne Zuziehung der höheren Behörde, die Aufseher. Wer sich zu den letzteren Stellen meldet, muß durch ein eigenhändig geschriebenes Certificat nachweisen, daß er unter 30 und über 21 Jahr alt ist, die vier einfachen Rechnungsarten versteht, zur Englischen Kirche gehört, nicht verschuldet ist, und sich bisher ehrlich genährt hat. Er darf ledig oder verheirathet seyn; nur hindern mehr als zwei Kinder die Anstellung. Sobald jemand Vorstehendes nachweiset und zwei Personen stellt, die für ihn angemessene Sicherheit leisten, wird er Exspectant, und man weis't ihn einem Accise-Officianten zum Unterricht und zur Bildung zu. Zugleich muß er ein feierliches Zeugniß zu den Acten geben, daß weder ein Andrer, noch er selbst, irgend etwas gezahlt oder geschenkt habe, um als Exspectant aufgenommen zu werden.

Die Ober-Revisoren der Districte müssen auf alle Weise die Untergebenen controlliren, ob sie gehörig die Gelder einziehen, Buch führen u. s. w.. Sie halten Tagebücher über den Fleiß und das Benehmen der Officianten, und senden diese von sechs zu sechs Wochen der obersten Behörde, welche nach Befinden ermahnen, in geringere Stellen versetzen, und auch entlassen darf. Sollten etwa einzelne Bemerkungen nicht erheblich genug seyn, darauf sogleich etwas zu verfügen, so werden sie doch vom Schreiber in ein Reprimanden-Buch eingetragen, damit man sehen könne, wer im Verlaufe längerer Zeit Belohnung oder Strafe verdiene. Der Commissarius oder Collector, welcher den Hauptämtern oder Collections vorsteht, bereiset dieselben alle sechs Wochen, prüft die Diarien der Ober-Revisoren, sorgt für den Fortgang etwa angestellter Klagen, u. s. w. Die Accise-Aemter sind gewöhnlich von 8 Uhr Morgens bis 2 Uhr Nachmittags geöffnet. Ueber alle Strafen, Confiscationen u. s. w., welche wegen Accise-Abgaben, oder wegen andrer Abgaben, die von den Accise-Bedienten erhoben werden, Statt finden, entscheiden für London und den dazu gehörigen District in erster Instanz die Accise-Commissarien; in zweiter Instanz andre, besonders für die Appellationen angestellte, Commissarien. In allen übrigen Theilen des Reiches entscheiden zwei oder mehr Friedensrichter, welche dem Orte des Vergehens nahe wohnen; und von ihrem Ausspruche findet, ganz einzeln stehende Ausnahmen abgerechnet, gar keine Appellation Statt. Wenn die Friedensrichter binnen vierzehn Tagen nicht entscheiden, oder nicht entscheiden wollen: so wird hiervon dem Beklagten Anzeige gemacht, und die Untercommissarien sprechen das Urtheil; von ihrem Ausspruche kann indeß an die Quartalsessionen zur endlichen Entscheidung appellirt werden. Die genannten Commissarien, Friedensrichter u. s. w. laden auf ergangene Anzeige vor, und urtheilen nach Beweis, Geständniß, oder auf den Grund des Eides Eines glaubhaften Zeugen: sie geben dann Vollmachten (warrants) zur Beitreibung der erkannten Summe, zur Auspfändung, zum Verkauf des Pfandes, wenn binnen acht Tagen die Zahlung nicht erfolgt, oder zum Gefängniß, wenn ein Object der Execution fehlt. Diese Execution geht wegen Accisegefälle nur auf alle accisbaren Güter, und auf alle Materialien, Utensilien, Gefäße u. s. w., welche zur Bereitung solcher Güter gehören, nicht aber auf jeden Besitz im Allgemeinen, mit Zurücksetzung aller andern Forderungen etwaniger Gläubiger, z. B. bei Bankerotten. Die Appellation von den Unter-Commissarien an die Quartalsessionen hemmt die Vollstreckung des Urtheils nur dann, wenn der Appellant den einfachen Accise-Satz deponirt und Sicherheit für den Fall stellt, daß die zuerkannte Strafe bestätigt wird. Diese Strafen erhält zur Hälfte der Staat, zur Hälfte der Anzeiger und der ergreifende Officiant. Die Friedensrichter und

Commissarien können jene zwar mildern, doch nicht unter den doppelten Betrag der gewöhnlichen Accise-Abgabe und den Betrag der Kosten und Auslagen. Das Verbergen accisbarer Waaren zieht Confiscation und, für die einzelnen Fälle näher bestimmte, Strafen nach sich. Häuser, in welchen mit accisbaren Waaren Handel getrieben wird, darf der Officiant zu jeder Tageszeit untersuchen; andre nicht ohne hinreichenden Grund zum Verdacht. Ein solcher Verdacht gilt für gegründet, wenn

1) steuerbare Güter in einem Boote oder anderem kleinen Schiffsgefäße, ohne Beiseyn eines Officianten, gefunden werden;
2) wenn sie von der Wasserseite kommen und man sie in Wagen, Karren u. s. w. findet;
3) wenn glaubhafte Anzeigen vorhergegangen sind.

Ueberhaupt muß auch hier in der Regel der Eigenthümer gegen den in Anspruch nehmenden Officianten beweisen, daß die Güter versteuert worden; nur wenn schlechterdings keine Gründe vorhanden sind, das Gegentheil zu präsumiren, so liegt dem Accise-Bedienten der Beweis ob. Treten jene Ursachen zum gesetzlichen Verdacht ein, so muß sie der Officiant in dem Districte von London zweien Commissarien, anderwärts Einem oder mehreren Friedensrichtern nachweisen, welche dann Vollmacht zur Haussuchung bei Tage und bei Nacht ertheilen; doch im letzteren Falle muß ein Constable oder anderer, zum Friedensgericht gehöriger, öffentlicher Bediente zugezogen werden. Widersetzlichkeit wird mit 100 bis 200 l. Strafe geahndet. Hat sich der Officiant hierbei falscher Suggestionen schuldig gemacht, so ist er dafür persönlich verantwortlich; doch müssen Klagen jeder Art gegen Officianten binnen drei Monathen nach dem Vorfall erhoben, und einen Monath vor dem ersten Termine denselben darüber umständliche Anzeige gemacht werden. Durch diese und andre ähnliche Bestimmungen werden sie geschützt, ihre Rechtfertigung erleichtert, die Beweismittel schneller herbeigeschafft, und die Prozesse geschwinder beendigt. Der Officiant kann ferner binnen jener monathlichen Frist Genugthuung anbieten;

wird diese von dem Kläger ausgeschlagen, vor Gericht aber hinreichend befunden, so muß dieser die Kosten tragen und in den meisten Fällen noch besondere Strafe erlegen.

In Beschlag genommene Güter werden von geschwornen Taxatoren abgeschätzt, verzeichnet und aufbewahrt. Nebst den Gütern trifft in der Regel die Confiscation auch die Gefäße, Ballen, Pferde, Wagen, Boote, u. s. w., unter den bei den Zöllen schon erwähnten näheren Bestimmungen. Wer nach öffentlichem Anschlag und Bekanntmachung durch die Zeitungen einen Uebertreter der Accise-Gesetze im Gasthofe beherbergt, verliert sein Privilegium, und zahlt 100 l. Strafe. Die gleiche Summe verliert Jeder, der durch Betrug, falsche Wagen u. s. w. die richtige Ausmittelung des Waaren-Quantums verhindert. Accise- und Zoll-Officianten, welche mit Kaffee, Thee, Branntwein und andern accisbaren Gegenständen handeln, werden abgesetzt, und zahlen 50 l. Strafe; sie werden abgesetzt und zahlen 100 l., wenn sie ein Geschenk als Bestechung an-

ge-

genommen haben. Wer zu bestechen versucht hat, erlegt 500 l. Strafe.

Das Wegbringen, Fahren u. s. w. der accisbaren Güter muß binnen der im Erlaubnißscheine bestimmten Frist geschehen; sonst ist derselbe verfallen und muß neu gelöset werden. Das Wiegen bedeutender accisbaren Quantitäten, z. B. des Hopfens bei der Hopfenernte, kann in der Regel kein Officiant von geringerem Range als ein Oberrevisor vornehmen. Wenn Jemand, der mit accisbaren Waaren handelt, z. B. ein Glasfabrikant, Hopfenbauer, Kaffeeschenk ꝛc. Anzeigen, Nachweisungen u. dergl. verlangt, so sind die Officianten, dem nächsten Abschnitte zu Folge, nur verpflichtet, bis zur nächsten Marktstadt, nicht aber weiter, zu gehen; und die Behörden müssen hiernach die erforderlichen Einrichtungen treffen. —

Ich müßte jetzt von den Zöllen insbesondre reden; da indeß oben schon der Hauptgrundsatz für diese Abgabe aufgestellt ist, die einzelnen Abweichungen aber eine umständliche Darlegung erfordern, welche hier nicht bezweckt wird, und endlich, da von den Grundsätzen des insularischen Brittaniens mindere Anwendbarkeit Statt findet; so wende ich mich gleich zu dem Abschnitte

C. Von den accisbaren Gegenständen und ihrer Besteuerung.

Mit dem Jahre 1803 wurden die älteren Gesetze über die Accise, über die dahin gehörigen Prämien, Rückzölle u. s. w. aufgehoben, und ein neues, einfacheres Reglement gegeben: nur die Hebungs- und Zahlungsart, die Gerichte, Strafen und Milderungen blieben größten Theils unverändert.

Folgendes alphabetische Verzeichniß begreift vollständig alle Gegenstände, von welchen in England und Schottland Accise erhoben wird:

1. Bier, Ale, Apfel- und Birnen-Cyder, Mumme, Meth.
2. Sachen, die in Auktionen verkauft werden.
3. Drath.
4. Geistige Getränke.
5. Glas.
6. Hopfen.
7. Kaffee, Thee, Chokolade und Cacaobohnen.

8. Leder.

9. Lichte.

10. Linnen, Seidenzeug, Kattun und weiße baumwollene Zeuge oder Callicoes.

11. Malz.

12. Mauer- und Dachsteine.

13. Papier.

14. Rauch- und Schnupftaback.

15. Salz.

16. Seife.

17. Silberzeug.

18. Stärke und Puder.

19. Wein.

20. Wein-, Obst-, Bieressig und künstliche Weine (sweets).

---

1. Bier, Ale, Apfel- und Birnen-Cyder, Mumme, Meth.

Bier oder Ale, von welchem das Barrel, mit Ausschluß der Steuer, über 18 s. verkauft wird, gilt für starkes Bier (strong beer); was man zu oder unter 18 s. verkauft, für schmal oder Tafel-Bier (small or table-beer).

*

Jeder Brauer von starkem Bier, welcher sein Gewerbe anfängt, löset eine Licenz auf 1 Jahr für ‧ ‧ ‧ ‧ 1 l. 10 s. er zahlt aber für das erste Jahr nach, wenn sein Gewerbe sehr groß geworden ist. Sonst kostet die Licenz jährlich dem Brauer, wenn er

bis 1000 Barrels brauet	‧	1 l.	10 s.
bis 2000	‧ ‧ ‧ ‧	2	
2000 bis 5000	‧ ‧ ‧	5	
5000 — 7500	‧ ‧ ‧	7	10
7500 — 10000	‧ ‧ ‧	10	
10000 — 20000	‧ . ‧	20	

und so steigend weiter.

Der Brauer von Tafelbier zahlt jährlich für die Licenz 1 l.; und ich finde dabei keiner Steigerung erwähnt. Dasselbe gilt für den Cyder- und Meth-Brauer.

Die Abgabe beträgt vom		s.	d.
Barrel stark Bier	‧ ‧ ‧ ‧	10	—
— Tafel-Bier	‧ ‧ ‧	2	—
— stärkern sogenannten two-penny-ale	‧ ‧ ‧	4	2

	l.	s.	d.
Vom Barrel Sprossenbier (spruce-beer), das 32 Gallonen Weinmaß hält ; ; ; ;	2	—	—
— Oxhoft Apfel- oder Birnen-Cyder	1	—	—
Dagegen das Oxhoft Apfel- oder Birnen-Cyder, welches (jedoch nicht aus Ireland) eingeführt wird ; ; ; ;	17	17	—
Vom Barrel inländischer oder eingeführter Mumme ; ;	—	10	—
Von der Gallone in England verfertigten Meths ; ;	—	1	6
Die Gallone (doch nicht aus Ireland) eingeführten Meths ;	—	5	—

Auf 36 Gallonen jeder Art von Bier werden, bei Bestimmung der Abgaben, dem Brauer 3, für den Verlust aller Art, zu Gute gerechnet.

Kein Brauer, Gastwirth, Verkäufer von Bier u. s. w. darf Darren, Bottiche, Kühlfässer, Tonnen, Gefäße u. s. w. ohne Zuziehung der Accise-Officianten anlegen, verändern oder vergrößern, bei Confiscation der Gegenstände und

20 bis 50 l. Strafe. Die Officianten können, wenn es ihnen nöthig scheint, den Inhalt der Gefäße ausmessen und berechnen lassen. Jeder Brauer muß, nach Maßgabe der Entfernung, vier bis zwölf Stunden vorher der Accise-Behörde melden, daß er anfangen werde zu brauen. Dann begiebt sich ein Officiant zu ihm, in dessen Gegenwart die Quanta gemessen und die Mischung vorgenommen wird. Jede spätere Veränderung, Zusatz, Mischung ist strafbar. Privat-Brauereien ohne Licenzen sind streng verboten. Die Brauer dürfen keine Quantitäten unter 4½ Gallonen verkaufen; Bierschenker müssen besondere Licenzen lösen. Des Nachts darf kein Bier vom Brauer zum Händler gefahren werden, und dieser ist jedes Mal verpflichtet, dem Accise-Amte Anzeige zu machen, wenn er Vorräthe in sein Waarenlager übernimmt. Die Brauer liefern wöchentlich, die Gastwirthe, Bierschenker u. s. w. monathlich, Nachweisungen über ihren Debit an das Accise-Amt, wodurch eine genaue Controlle möglich wird. Kein Ausschenker darf starkes und Tafelbier an demselben Orte ver-

wahren; die Gefäße, worin das letztere enthalten ist, müssen, bei 50 l. Strafe, mit einem T bezeichnet seyn. Wer Tafelbier höher als das Barrel zu 18 s. verkauft, zahlt 100 l. Strafe. Die Gesetze sind streng gegen alle Vermischungen des Biers mit Zuckerwasser, Vitriol, Quassia, Paradieskörnern, Pfeffer, Opium u. s. w.. Nicht minder zahlreiche und vollständige Bestimmungen finden sich zur Verhütung und zur Entdeckung von Verheimlichungen, Betrug und Unterschleifen. Die Commissarien können die Abgaben der Brauer, Bierschenker u. s. w., wenn sie es rathsam finden, auf ein fixum behandeln. Jede Klage gegen einen Brauer, Gastwirth u. s. w., wegen eines Vergehens gegen die Accise-Gesetze, muß binnen drei Monathen angebracht werden: eine wichtige Bestimmung, welche fast allgemein zu gelten scheint.

2. Sachen, Gegenstände, die in Auctionen verkauft werden.

Jeder Auctions-Commissarius muß jährlich eine Licenz für 6 s. lösen; er muß ferner in

London Caution stellen auf : 1000 l.
und zwei Bürgen, jeden für : 200 —
Außerhalb London stellt er eine Caution von : : : : 500 —
und zwei Bürgen, jeden für : 50 —

Die Abgabe beträgt bei Versteigerung von Grundstücken aller Art, Kapitalstocks, Annuitäten, Schiffen, Gold, Silber und Juwelen von 20 s. : : : : 6 d.
bei Versteigerung von Hausgeräth, Pferden, Wagen, Vieh, Büchern, Gemählden und anderen Gütern dieser Art von 20 s. : : : : : 10 d.

Ausgenommen sind von der Abgabe:

a) alle in England gewebten Stückgüter (piece-goods wove), welche in Stücken, so wie sie von dem Weberstuhle kommen, an Orten, wo eine Accise-Behörde ist (entered places), öffentlich verkauft werden.

b) Alles eingeführte Getreide, Mehl, Rind- und Schweinefleisch, Schinken, Speck, Käse, Butter u. s. w. für den ersten Verkauf binnen Jahresfrist.

c) Auctionen, welche obere Gerichts-Behörden, Accise-Officianten oder Commissarien der Flotte und des Proviantamtes veranlassen;

d) Auctionen der Sherifs für die Gläubiger, zur Vollstreckung von Urtheilen, z. B. wegen nicht bezahlter Zehnten, oder über die Güter bankerotter Personen;

e) Auctionen der Ostindischen und Hudsonsbai-Compagnie;

f) Waaren aus dem Brittischen Amerika für das erste Jahr;

g) Genommene Schiffe, desgleichen gestrandete Schiffe und Güter, wo jene zum Vortheile der Sieger, diese zum Besten der Versicherer und Eigenthümer, verkauft werden.

h) Holz, Kohlen und andre mineralische Producte, Vieh und Getreide, welches der erste Eigenthümer verkauft.

i) Licitationen zu Pachtungen.

k) Waaren aus Yucatan, Fischbein, Thran, Farbewaaren, rohes Tischlerholz, und so mehrere einzeln ausgenommene Handelsartikel. — Wegen der unter c, d und g erwähnten Auctionen muß durch Unterschrift der Behörde (der Sherifs) der Versicherer genau nachgewiesen werden, daß keine steuerpflichtigen Sachen mit versteigert worden sind.

Die Auctions-Commissarien geben der Accise-Behörde Nachricht von jeder bevorstehenden Auction, reichen Verzeichnisse der zu verkaufenden Gegenstände, und, nach beendigtem Geschäft, Nachweisungen des gelöseten Geldes ein. Die Steuer wird vom Auctions-Commissarius eingezogen; er ist dafür verhaftet, und dagegen berechtigt, sich an das einkommende Geld und an die Personen zu halten. Der Eigenthümer zahlt nichts von dem, was er selbst ersteht.

3. Drath.

Die Licenz zum Ziehen von Gold- und Silberdrath kostet jährlich . . . . 2 l.
für die Unze Troygewicht Golddrath werden von dem Verfertiger bezahlt . . 10 d.
für die Unze Silberdrath . . 7 —

Bei der Ausfuhr wird nicht die ganze Abgabe als Rückzoll vergütet, sondern für das Pfund Golddrath, Litzen, Frangen ꝛc. auf Sil-

ber oder Seide gesponnen : : 7 s. 8 d.
für das Pfund Silberdrath oder Litzen, Frangen rc. auf Seide gesponnen 5 — 9 —

Ehe der Drathzieher die Arbeit anfängt, muß er es dem Accise-Officianten anzeigen, damit in dessen Gegenwart die Abwiegung und der wirkliche Anfang des Geschäfts erfolge. Verzeichnisse der verfertigten Quanta, des Gewichtes, Debits rc. werden der Behörde überreicht. Bei sehr feinem Drath wird bei Festsetzung der Abgabe $\frac{1}{5}$ des ursprünglichen Gewichtes zurückgerechnet.

4. Geistige Getränke.

Die vielfachen Gesetze über diesen Artikel lassen sich am besten in folgenden Unterabtheilungen übersehen:

A. Von der Einfuhr fremder geistiger Getränke.

B. Von den in England von Branntweinbrennern und Likör-Fabrikanten bereiteten geistigen Getränken.

C. Von den in England zur Exportation verfertigten und seewärts gebrachten geistigen Getränken.

D. Von in England verfertigten und nach Schottland ausgeführten, und von den in Schottland verfertigten und in England eingeführten geistigen Getränken.

E. Von den Einführern geistiger Getränke, von Groß- und Kleinhändlern, und von den Strafen.

A. Von der Einfuhr fremder geistiger Getränke.

Die Abgabe, von dem Einführer vor der Ausschiffung zahlbar, beträgt

a) von der Gallone einfachen Rum oder Branntwein aus Brittisch-Amerikanischen Colonieen . . . 6 s. 11 d.
Jetzige außerordentliche Abgabe bis ein Jahr nach dem Frieden 3 — 5½

Summa 10 — 4½

Wenn aber der Rum oder Branntwein stärker ist, als die gesetzliche Probe:
von der Gallone . . . 13 s. 4 d.
Außerordentliche Abgabe oder Erhöhung . . . . 6 — 8 —

Summa 1 l. — —

b) Von der Gallone, welche die Ostindische Compagnie einführt : : : 7 s. 6 d.
Erhöhung : : : : 3 — 9 —

Summa 11 — 3 —

Wenn der Rum 2c. stärker ist, als die gesetzliche Probe : : : 14 s. 6 d.
Erhöhung : : : : 7 — 3 —

Summa 1 l. 1 — 9

c) Jede Gallone andern einfachen Branntweins, der (jedoch nicht aus Irland) eingeführt wird : : : : 8 s. 5 d.
Erhöhung : : : : 8 — $2\frac{1}{2}$

Summa 16 — $7\frac{1}{2}$

Die Accise-Officianten sind berechtigt, Proben zu nehmen; die Eigenthümer, Proben vom Schiffe an's Land zu schicken. In Brittischen Besitzungen gebrannter Rum oder Branntwein kann vor Zahlung der Abgabe gelandet und in Waarenhäusern deponirt werden, welche unter dem Verschluß des Eigenthümers und des Officianten stehen, und aus denen man nie Quantitäten unter 20 Gallonen verabfolgt. Wird der deponirte Rum, Branntwein ꝛc. binnen Jahresfrist nicht verkauft, so muß der Eigenthümer die Abgabe berichtigen; oder die Vorräthe werden, so weit es zur Herbeischaffung derselben nöthig ist, versteigert. — Der Eigenthümer und der Officiant halten Bücher, die einander gegenseitig controlliren. Die vielfachen Vorschriften zur Verhütung der Contrebande, über Größe der Schiffe und Gefäße, über das Ankern der Schiffe in der Nähe der Küste, über das Transportiren in der Nacht können hier übergangen werden.

B) Von den in England durch Branntweinbrenner und Likör-Fabrikanten bereiteten geistigen Getränken.

Die Abgabe beträgt:

1. von der Gallone Würze oder Maisch (wort or wash) zu inländischer Consumtion, gezogen von Malz, Korn, anderm Getreide oder Hülsenfrüchten, oder aus einer Mischung dieser Ingredienzien . . . 11 d.

Dazu die Erhöhung bis ein Jahr nach dem Frieden . $5\frac{1}{2}$ —

in Summa 1 s. $4\frac{1}{2}$ —

2. Von der Gallone Birn- oder Aepfel-Cyder oder anderer Würze, die aus Brittischen Materialien zum Abdestilliren bereitet worden, welche unter der ersten Nummer nicht aufgezählt sind . . . . . 10 d.
Erhöhung . . . . 5 —

Summa	1 s.	3 d.

3) Von der Gallone Würze oder Maisch aus Zucker und Syrup (melasses) zum Abdestilliren . . . . . 1 s. 4¼ d.
Erhöhung . . . . 8 —

Summa	2 —	¼ —

4) Von der Gallone verdorbenen Weins (refused wine), oder von fremdem Cyder oder anderen fremden Materialien (Zucker ausgenommen) . . . . . 1 s. 10 d.
Erhöhung . . . . — 11 —

Summa	2 —	9 —

Die Licenz kostet für einen Branntweinbrenner, welcher gewöhnlichen Branntwein fabricirt (distiller or maker of low wines or spirits) 10 l.; für einen Destillatör stärkerer Sorten (rectifier) und einen Likör-Fabrikanten, der über gewissen Gegenständen, Anis, Kümmel rc. abschwelet (compounder), 5 l. Niemand bekommt Licenz, wer nicht einen Grundbesitz von 10 l. jährlicher Rente hat, und zu den Communal- und Armen-Abgaben beiträgt. Keiner gilt für einen Destillatör oder Liquoristen, dessen Blase (still), mit Ausschluß des Helms (head), nicht 120 Gallonen hält, und der nicht die dazu gehörigen Gefäße und Schlangen rc. besitzt. Jeder, welcher eine Licenz gelöset hat, muß Namen und Qualität in großen Buchstaben über der Thür anschlagen. Wer ohne Licenz verkauft, und wer von Unprivilegirten kauft, fällt in bedeutende Strafe. Ohne Anzeige bei der Aceise-Behörde darf an der Stellung der Gefäße und an ihrer Größe nichts geändert werden; sie sind mit unter Verschluß des Officianten, und können nur in seiner Gegenwart geöffnet, gefüllt und abgelassen werden. Es sind die genauesten und mannichfaltigsten Bestimmungen vorhanden, jeden Unterschleif, Mehrung oder Minderung der Materialien, ihrer Güte und Beschaffenheit, auszumitteln und zu jeder Zeit zu controlliren. Die Stärke der Getränke muß auf den Gefäßen bemerkt werden. Ist die Abgabe auf den Maisch (on wash) erlegt, und dieser nimmt Schaden, so wird zur Verhütung von Betriegereien an jener nichts zu Gute gerechnet; dagegen geschieht dies beim Versetzen (compound) für den Zusatz an Zucker-Wasser u. s. w., nach Verhältniß der Stärke und Mischung. —

Ueber die Sorten und die Stärke der geistigen Getränke finden sich gesetzliche Angaben, welche aber — Einmal, weil Deutsche Ausdrücke fehlen, und dann, weil die Art der Englischen Branntweinprobe von der unsrigen abweicht — nicht vollständig aufgenommen werden können.

C. Von den in England zur Exportation verfertigten und seewärts gebrachten geistigen Getränken.

Kein gewöhnlicher unrectificirter Branntwein darf ausgeführt werden. Für die zur Ausfuhr bestimmten geistigen Getränke sind besondere Waarenhäuser zur Deponirung vorhanden. Viele Vorschriften über Ausmittelung der Qualität und

Quantität, den Ort der Einschiffung und der Bestimmung ꝛc. müssen bei der Ausführung beobachtet werden. Es wird Caution, und nach gewissen Fristen Beweis verlangt, daß die Getränke wirklich nach dem genannten Orte verladen, und (wenn anders kein Unglück geschehen ist) dahin gekommen sind. Das auszuführende Quantum ist frei von Abgaben, so daß diese zu Einer Zeit gar nicht erhoben, zu einer andern durch Rückzölle vergütet wurden; ja, man hat bisweilen Prämien auf die Ausfuhr von Kornbranntwein bewilligt. Auch der Branntwein für das Schiffsvolk ist von Abgaben frei; doch sind die Quanta für den Mann bestimmt, und die Besteuerung tritt ein, wenn er etwa nicht verbraucht worden ist, sondern wieder an's Land gebracht wird.

D. Ueber die wechselseitige Ausfuhr von und nach England und Schottland ist bloß zu bemerken, daß die, in beiden Ländern nicht gleichen, in Schottland geringeren, Steuersätze bei der Ein- und Ausfuhr durch Nachzahlungen ausgeglichen werden.

E. Von den Einführern der geistigen Getränke, den Groß- und Kleinhändlern, und von den Strafen.

Die Accise-Behörde darf keine Erlaubniß zum Ausschenken geistiger Getränke geben, wenn nicht bereits von zwei Friedensrichtern eine Concession hierzu ertheilt worden ist. Wer Quanta unter zwei Gallonen verkauft, ist ein Ausschenker (retailer); wer über 63 Gallonen in seinem Gewahrsam hat, ein Händler (seller or dealer). Ein solcher, der jedoch nicht Großhändler ist, zahlt für die jährliche Licenz 5 l. Ein Ausschenker, wenn sein Wohnhaus mit Hof, Garten und Zubehör bei Bestimmung der Abgabe von Häusern auf eine Rente bis 15 l. geschätzt ist, giebt

für die jährliche Licenz	4 l.	14 s.
wenn es bis 20 l. Rente geschätzt ist	5 —	2 —
— 25 —	5 —	10 —
— 30 —	5 —	18 —

und so steigend weiter. Niemand erhält Licenz, der nicht im Accise-Bezirke von London in seinem Namen eine Besitzung von 10 l. Rente hat, und zu den Armen- und Communal-Lasten beiträgt;

niemand in den übrigen Theilen des Reiches, der nicht zu der letztern Abgabe, oder zu den Steuern von Häusern und Fenstern, beiträgt. Wer Branntwein verkauft, ohne Licenz erhalten zu haben; wer nach der Besichtigung Wasser zugießt; wer Brittische Branntweine nicht von fremden getrennt aufbewahrt — ist strafbar. Jeder Ausschenker, welcher Quanta in sein Lager bringen will, muß es dem Accise-Bedienten anzeigen, und stets auf Erfordern beweisen, daß alle Vorräthe versteuert sind. Kein Ausschenker und Kleinhändler darf an irgend einer Branntweinbrennerei Theil haben. Wer Dienstboten, anstatt Geldes, Branntwein giebt, wird für einen Ausschenker gehalten; der Vertrag ist nichtig, und es wird angenommen, er habe ohne Licenz gehandelt.

Das Aushökern geistiger Getränke in Buden, Booten und an den Landstraßen, ist verboten; eben so wenig dürfen solche Getränke in Gefängnissen, Armen- und Arbeitshäusern verkauft werden. Keine Schuldforderung für eine Quantität Branntwein ist gültig, sie müßte denn auf einmaligen Verkauf über 20 s. betragen; bei schwerer Strafe darf für solche nichtige Krugschulden kein Pfand genommen werden. Branntweinbrenner, die wissentlich an Ausschenker verkaufen, welche keine Licenz haben, zahlen 10 l. Strafe und den dreifachen Werth des Branntweins. Sonst gelten wegen der Gerichte, der Dauer der Klagen, der Appellationen, Strafen und Milderungen, die oben erwähnten allgemeinen Bestimmungen.

5. Glas.

Die Abgabe beträgt:

1. für 100 Pfund Materialien, Metall oder Ingredienzien andrer Art, um in England Flintglas, Spiegelglas, Geschirrglas, buntes, kurz, Glas der feinsten Art zu verfertigen (enamel stained or paste glas) . . . 1 l. 12 s. 8 d.
2. Desgleichen für 100 Pfund zu schlechtem Tafelglas (broad glas) — 8 — 2 —
3. Desgl. für 100 Pfund Materialien zu allem andern, besseren, Fensterglase, gewöhnlich Kronen-

glas oder Deutsches Tafelglas genannt : : : : 1 l. 4 s. 6 d.

4. Desgl. für 100 Pfund zu gewöhnlichen grünen Bouteillen, chemischen Gefäßen, Gartengläsern, u. s. w. : : : —4—1—

5. Desgl. für 100 Pfund eingeführtes Glas (hier ist von Besteuerung nach den Materialien nicht die Rede), vom Einführer vor dem Ausschiffen zu bezahlen 2—2— —

Von der letzten Abgabe ist jedoch ausgenommen: irelándisches Glas, grüne Glas-Bouteillen, und Gefäße, worin Wein, oder Oel u. s. w. zu anderweitiger Besteuerung enthalten ist.

Der Glasmacher zahlt jährlich für die Licenz 10 l. Wer bloß grüne Bouteillen und ähnliche Glaswaaren macht, kann nach dem Gewichte dieser, anstatt nach den Materialien, besteuert werden, sobald keine Gefahr vorhanden ist, daß er heimlich andre Sorten verfertigen möchte. Eins von Hundert wird ihm bei Festsetzung der Abgabe zu Gute gerechnet (allowance).

Bei dem unter 1 erwähnten feinen Glase wird, wenn das Gefäß, der pot, über 100 Pfund Materialien hält . . $\frac{1}{4}$ der Materialien und 1 Zoll für Bodensatz vor der Bestimmung der Abgabe abgezogen; hält das Gefäß unter 100 Pfund, dann nur $\frac{1}{5}$ der Materialien, und nichts für den Bodensatz. Bei den unter 2 und 3 aufgeführten Glasarten, wird, ohne Rücksicht auf die Größe des Gefäßes, $\frac{1}{4}$ der Materialien und 4 Zoll am Boden zu Gute gerechnet. Will jemand diesen Bodensatz, wo er 3 bis 4 Zoll stark ist, bearbeiten, so werden von 100 Pfund 18 s. 8d. bezahlt, und 1 Zoll für Bodensatz gerechnet. Außer den allgemeinen Vorsichtsmaßregeln gegen die unversteuerte Einfuhr des Glases, welche nicht zu wiederholen sind, scheint es bemerkenswerth, daß keine Ballen unter 500 Pfund Gewicht gemacht werden dürfen, — es müßten denn große Spiegelgläser seyn; und daß auf jeden Ballen das Wort Glas mit großen Buchstaben geschrieben werden muß. Der Accise-Bediente ist verpflichtet, die Werkstätte, zur Entdeckung etwaniger heimlicher Anlagen und Ableitungs-Canäle, genau zu untersuchen und die Größe der Gefäße zu messen. Der Glasmacher muß anzeigen, wenn er arbeiten will, damit in Gegenwart des Officianten die Quantität und Qualität der Materialien geprüft, die Abgabe bestimmt und dann der Ofen und die übrigen Anlagen, welche die Möglichkeit einer Veruntreuung übrig lassen, unter Beschluß genommen werden können. Es wäre zu umständlich, alle Vorschriften aufzuzählen, wodurch das Letztere, ohne die Officianten und die Arbeiter übermäßig zu stören und zu belästigen, dennoch möglich gemacht wird. Der Officiant ist berechtigt, Proben der Masse zu nehmen. Gewogene und ungewogene Bouteillen müssen gesondert werden. Wer heimlich in einem, der Accise-Behörde unbekannten, Ofen Bouteillen verfertigt, oder ungewogene, unversteuerte verkauft, zahlt 500 l. Strafe. Jeder Glasmacher ist verpflichtet, genaue Bücher über die angekauften und verbrauchten Materialien, so wie über das verkaufte Glas, zu halten, damit er zu jeder Zeit controllirt werden könne: er muß im Bezirke von London wöchentlich, in andern Theilen des Reiches aber von sechs zu sechs Wochen, der Behörde darüber Nachweisungen einreichen, und dort vier, hier sechs Wochen nachher die Abgabe, bei Strafe der Verdoppelung, erlegen. Wer Glas ausführen will, muß der Accise-Behörde Nachricht davon geben, damit es in Gegenwart eines Officianten gepackt, gezeichnet und plombirt werde. Niemand, der bei Glashandel oder Glas-Fabriken interessirt ist, kann als Friedensrichter in diesen Sachen ein Urtheil fällen.

6. Hopfen.

Von 100 Pfund eingeführtem Hopfen werden bezahlt	5 l.	5 s.	
Der Rückzoll beträgt bei der Wieder-Ausfuhr	4 —	4 —	
Von jedem Pfunde eingeführtem Irländischen Hopfen	—	—	$2\frac{1}{2}$ d.
Von 100 Pfund Englischem Hopfen zur inländischen Consumtion zahlt der Eigenthümer	—	—	$2\frac{1}{2}$ —

Diese Besteuerung des Englischen Hopfens verhält sich zur Besteuerung des Irländischen, wie

1 zu 100; dieses Verhältniß ist aber in den neuesten Zeiten, nach der Union, höchst wahrscheinlich aufgehoben worden. Vor dem 1. August jedes Jahres muß ein Verzeichniß von der Lage und Größe der Hopfengärten, und von den Namen und dem Aufenthalte der Besitzer eingereicht werden; ferner ein Verzeichniß aller dazu bestimmten Vorrathshäuser und ihrer Größe. Sechs Wochen nach der Hopfenernte muß der Officiant aufgefordert werden, sich zum Wiegen und Packen einzufinden. Der Eigenthümer erhält eine Abschrift der deshalb an die Behörde einzusendenden Nachweisung. Auf den Säcken oder Kisten wird von dem Accise-Bedienten der Name des Eigenthümers, der Ort, das Gewicht, mit Einschluß des Packwerks, das Jahr und die Nummer gezeichnet, und, bei Festsetzung der Abgabe, auf 112 Pfund Hopfen 10 Pfund Tara gerechnet. Sechs Monathe nach dem Wiegen muß die Abgabe, bei Strafe der Verdoppelung, gezahlt seyn, von welcher Verdoppelung der König, gegen die gewöhnliche Vorschrift, $\frac{2}{3}$, der Anzeiger oder Officiant aber $\frac{1}{3}$ erhält. Die Brauer sol-

len sich nicht des Wermuths oder andrer ähnlichen Dinge, anstatt des Hopfens, bedienen; Verfälschung jeder Art wird, auf 100 Pfund Gewicht, mit 5 l. Sterling bestraft.

7. Kaffee, Thee, Chocolade und Cacao-Bohnen.

Diese Gegenstände entrichten erstlich einen Zoll, zweitens eine Accise. Der Zoll beträgt für

a) den Centner Cacao-Bohnen, der aus Brittischen Colonieen, oder aus andern Gegenden, eingeführt wird, bei der Deposition in den Packhöfen . . . . 6 d.
bei der Herausnahme aus den Packhöfen zur inländischen Consumtion das Pfund 2 d.

b) Der Centner Kaffee zahlt bei der Niederlegung dieselbe Abgabe; bei der Herausnahme zur inländischen Consumtion dagegen das Pfund . . . . . 5 d.

c) Thee, eingeführt aus Europa, zufolge besonderer Erlaubniß, von 100 Pfund Werth 5 l.

Die Accise beträgt:

1. für 1 Pfund Cacao-Bohnen, aus Brittischen Colonieen in Amerika eingeführt 1 s. 10 d.

2. für 1 Pfund durch die Ostindische Compagnie eingeführt ; ; ; ; 2 s.

3. für 1 Pfund anderswoher und auf andere Art eingeführter Cacao-Bohnen 3 s.

4. für 1 Pfund Kaffee, aus Brittischen Colonieen in Amerika eingeführt ; 1 s. 1 d.

5. für 1 Pfund Kaffee, durch die Ostindische Compagnie eingeführt ; ; ; 1 s. 6 d.

6. 1 Pfund anderswoher und auf andere Weise eingeführt ; ; ; ; 2 s.

7. Thee, in Großbrittanien von der Ostindischen Compagnie verkauft, wenn das Pfund unter 2 s. 6 d. gilt, von 100 Pfund Werth 15 l.
wenn das Pfund über 2 s. 6 d. gilt, von 100 Pfund Werth ; ; ; ; 45 l.

Aller eingeführte Kaffee, Thee u. s. w. muß erst in die öffentlichen Waarenhäuser gebracht werden, und wird im Uebertretungsfalle, als heimlich eingeführt, weggenommen. Zu diesen Waarenhäusern hat nicht allein der Accise-Bediente, sondern auch der Eigenthümer einen Schlüssel, und der Letztere darf in des Ersteren Gegenwart die Waaren revidiren, sondern, u. s. w..

Kaffee soll nicht in Kisten eingeführt werden, die weniger als 112 Pfund halten, weil sonst die Verheimlichung zu leicht, und die Aufzeichnung und Bewahrung zu schwierig wird. Das Schadhafte wird im Waarenhause gesondert; das Uebrige neu gepackt. Jeder Eigenthümer darf drei Proben, jede zu 4 Unzen, aus jeder Kiste (cask) nehmen; verlangt er mehr, so muß er das Gewicht ersetzen. Beim Wiegen zur Bestimmung der Abgabe wird dem Eigenthümer für Verlust beim Verkauf u. s. w. auf 100 Pfund Kaffee 1 Pfund, auf 100 Pfund Cacao-Bohnen 2 Pfund zu Gute gerechnet. Nur ganze Kisten dürfen gegen Zahlung der Abgabe aus dem Waarenhause verabfolgt werden. Beim Abholen giebt der Officiant ein Zeugniß über die Quantität, Qualität, die Zeit der Abholung, und den Ort der Bestimmung; er setzt eine Frist fest, binnen welcher, bei Strafe, die Waare an diesem Orte ankommen und nachgewiesen werden muß. Wer jene versteuerten Waaren wieder ausführen will, muß sie in Gegenwart eines Officianten packen, zeichnen, besiegeln lassen, und für die wirkliche

Ausfuhr Bürgschaft stellen. Landen solche Güter dennoch ohne Noth zum zweiten Male, so sind sie, nebst der gestellten Bürgschaft, verfallen. Auf Thee werden volle Rückzölle gegeben; auf Chokolade, Cacao-Bohnen (und wahrscheinlich auch) auf Kaffee aber, nur $\frac{4}{5}$ der inländischen Abgaben. Der eigentliche Waarenhaus-Aufseher und der Accise-Bediente halten Bücher über den Zugang, den Abgang, die bezahlte und rückständige Steuer u. s. w.. Monathlich werden diese einander controllirenden Bücher von dem höheren Commissarius revidirt; finden sich Unrichtigkeiten in dem Verzeichnisse, ist etwas vor der Versteuerung verabfolgt, ist die Bürgschaft für die auszuführenden Waaren nicht bestellt u. s. w.: so muß jeder von den Buchhaltenden 100 l. Strafe erlegen, und ist nun unfähig zu jedem öffentlichen Amte.

Beschädigter Kaffee, wovon das Pfund nicht für 1 s. 6 d. —, beschädigte Cacao-Bohnen, wovon das Pfund nicht für 1 s. verkauft werden kann, sollen, zur Vermeidung betriegerischer Vermischungen, nicht zum inländischen Verkauf verabfolgt, sondern zur Wiederausfuhr aufbewahrt werden. Von dem aus dem Verkauf des confiscirten Kaffee's u. s. w. gelöseten Gelde erhält der ergreifende Officiant ⅓; kann das Pfund nicht bis 1 s. ausgebracht werden, so ist die Waare zu zerstören, und der Officiant auf andre Weise, doch nicht höher, als mit 6 d. für das Pfund, zu belohnen. Ergreift ein Zoll-Officiant Waaren, so muß er es der nächsten Accise-Behörde anzeigen, welche für die Aufnahme der nöthigen Verzeichnisse sorgt und dann Erlaubniß zum Wegbringen der Waare ertheilt. Bei den Thee-Auktionen der Ostindischen Compagnie ist ein Accise-Bedienter zugegen, welcher die Quanta, den Käufer und den Preis aufschreibt. Hat der Meistbietende binnen drei Tagen die Abgabe nicht erlegt, so ist der Kauf nichtig, und er muß den sechsfachen Betrag der Abgabe als Strafe erlegen. Schon vierzehn Tage nachher kommt die Waare zu einer neuen Versteigerung. Wenn Thee aus dem Magazin eines Kaufmanns in das Magazin eines andern gebracht werden soll, so darf der zu benachrichtigende Officiant, zur Controlle, gegen Bezahlung, bis 2 Unzen Probe nehmen.

Weigerung oder Aushändigung falscher Proben wird mit 20 l. bestraft. Wenn mehr als 6 Pfund Thee mit oder ohne Erlaubnißschein in der Nacht — das heißt vom 29sten September bis zum 25sten März nicht zwischen 7 Uhr Morgens und 5 Uhr Abends, und in der andern Hälfte des Jahres nicht zwischen 5 Uhr Morgens und 7 Uhr Abends. — in irgend einem Theile des Reiches gefahren werden; so ist die Waare, mit Gefäßen, Wagen und Pferden, zu confisciren. Doch findet keine Anwendung dieses Gesetzes Statt, wenn sich der Thee auf gewöhnlichen, auch die Nacht hindurch fahrenden, licentiirten Postkutschen befunden hat. Die Licenz zum Ausschenken von Kaffee, Thee, Chokolade kostet jährlich 5 s. 6 d., und wird für den Bezirk von London durch zwei Accise-Commissarien, anderwärts aber durch die Vorsteher des Accise-Amts und des Districts (collector and supervisor) ausgestellt. Personen die in Compagnie stehen, lösen (hier, wie bei den übrigen accisbaren Gegenständen) nur Eine Licenz, dürfen aber ihr Gewerbe auch nur in Einem Hause treiben.

Ueber

Ueber der Thür des Hauses muß, bei 200 l. Strafe, mit großen Buchstaben, Kaffeeschenker N N. angeschrieben stehen. Den, welcher dem Kaffee Fett, Wasser oder dergleichen, besonders zur Erhöhung des Gewichtes, beimischt, trifft eine Strafe von 100 l.. Eben dieselbe Summe erlegt der, welcher aus irgend einem Producte Kaffee oder Cacao nachmacht, und unter dem Namen „Brittischer, künstlicher, ökonomischer Kaffee" rc. verkauft; — außerdem wird die Waare confiscirt. Es sind besondere Häuser vorhanden, in welchen man, unter Aufsicht eines Officianten, den Kaffee brennt, der nicht zur unmittelbaren eignen Consumtion, sondern von den Händlern, verbraucht wird. Man zahlt für 100 Pfund, welche die dazu angestellten Personen rösten, 8 s.; für 100 Pfund, welche die dazu mitgebrachten Personen rösten, 3 s. Bei 5 s. Strafe für das Pfund und bei Confiscation, dürfen Händler nicht anderwärts rösten lassen. Noch strenger sind die Gesetze und noch mannichfaltiger die Maßregeln in Ansehung des Thees — zur Verhütung heimlicher Einfuhr, zum Verhindern des Verfälschens und Nachahmens. Vorgefundene Blätter anderer, besonders aromatischer Pflanzen, deren Bestimmung nicht vollständig nachgewiesen werden kann, sind, auf den Grund des Ausspruches von einem Friedens-Richter, zu vertilgen und Strafe dafür zu erlegen.

Die Chocoladen-Fabrikanten in London müssen wöchentlich—, die in den Provinzen sechswöchentlich, eine Nachweisung der verfertigten Quanta einreichen und diese zur Stempelung vorlegen. Ist sechs Wochen nach dieser Anzeige die Abgabe nicht berichtigt, so sind zu erlegen 50 l. Strafe, und nichts darf, bei Verlust des dreifachen Werthes, vor der Bezahlung verkauft werden. Wer ungestempelte Chocolade verkauft, zahlt 20 l.; wer den Stempel nachmacht, oder damit bezeichnete Chocolade wissentlich verkauft, erlegt 500 l., und kommt auf ein Jahr in's Gefängniß. Wer zum Privat-Gebrauche Chocolade verfertigt, muß es der Behörde anzeigen, sie stempeln lassen, und die Abgabe bezahlen. Wer über 1 Pfund Thee, Kaffee oder Chocolade von einem Orte zum andern transportiren will, muß einen Passirschein haben. Die Verkäufer und Ausschenker jener Waaren müssen zwei Nachweisungen halten: in der ersten wird aufgeführt, was einzeln unter 6 Pfund verbraucht; in der zweiten dagegen, was in größeren Quantitäten abgesetzt worden ist.

8 Leder.

Das Leder ist entweder:

lohgar, durch Baumrinde oder Sumach (tanned), oder ölgar, (dressed in oil), bei welcher Bereitungsart Oel das einzige oder vorzüglichste Ingrediens ist;

oder weißgar (tawed), mit Alaun, Salz, Mehl u. s. w. bereitet.

Für die in Brittanien bereiteten lohgaren Häute werden folgende Abgaben bezahlt:

a) Vom Pfund Kalb-, Schwein-, Hunds-, Seehunds-, Schaf- und Lammleder . . . $1\frac{1}{2}$ d.

b) Vom Dutzend Ziegenfelle (goat), mit Sumach, wie Spanisches Leder, bereitet 4 s.

c) Vom Dutzend Schaffelle mit Ebreschen gegerbt (tanned for roans), nach Spanischer Art . . . . . . 2 s. 3 d.

d) Das Pfund aller andern, hier nicht erwähnten lohgaren Felle . . . . . 6 d.

Von ölgaren Häuten giebt:

1. Das Pf. Reh-, Hirsch- u. Elensleder 1 s.
2. Das Pfund Schaf- und Lammleder 3 d.
3. Das Pfund jedes andern in Oel gar gemachten Felles . . . . . 6 d.
4. Das Dutzend von den feinsten Pergamenthäuten (vellum) . . . 3 s. 6 d.
5. Das Dutzend geringerer Art (parchment) . . . . . 1 s. 9 d.

Von weißgaren Häuten wird bezahlt:

a) Für eine Pferdehaut . . 1 s. 6 d.
b) — — Stier- oder Kuhhaut . 3 s.
c) — das Pfund Kalb- oder Seehundsfell $1\frac{1}{2}$ d.
d) Das Dutzend Felle von ungebornen Kälbern, welche mit dem Haare gegerbt worden 3 s.
e) Dergl. ohne Haar, desgl. das Dutzend junger Hunds- oder Ziegenfelle . . 1 s.
f) Das Pfund Rehleder (buck and doe skins) . . . . . 6 d.
g) Das Dutzend Ziegen- oder Biberhäute, 2 s.
h) Das Pfund Schaf- oder Lammfelle $1\frac{1}{4}$ d.

i) Das Pfund von anderem, hier nicht erwähntem, weißgarem Leder . . . 6 d.

Die jährliche Licenz kostet für einen

Lohgerber	. .	2 l. 10 s.
Weißgerber	. .	1 —
Oelgerber	. .	1 —
Pergamentmacher	.	1 —

Für London werden diese Sätze verdoppelt.

Handschuhmacher, Verfertiger von Pferdegeschirren, welche die Häute selbst bereiten und verbrauchen, werden als Weißgerber betrachtet. — Alle schon oben erwähnten Bestimmungen über das Wiegen, Stempeln, Absondern des Gestempelten, Verzeichnisse des Verfertigten u. s. w., gelten auch für diesen Gegenstand.

9. Lichte.

Vom Pfunde in England und Schottland verfertigter Talg- und andrer Lichte (die nicht Wachs- oder Wallrathlichte sind) wird gezahlt 1 d.

Vom Pfunde Wachs-, Wallrath-, oder davon gemischter Lichte . . . $3\frac{1}{2}$ d.

Die Verfertiger berichtigen die Abgabe,

Jeder Talglichtzieher zahlt für die jährliche Licenz. : : : : : 1 l. — —
Jeder Wachs- u. Wallrath-Lichtzieher 6 — — —
Jeder, der mit solchen Lichten handelt, 10 s. 6 d.
Binsenlichte, welche durch Fett oder Schmeer zu eigenem Gebrauche gezogen werden, entrichten keine Abgabe. Für die Ausfuhr sind Rückzölle bewilligt; die Einfuhr ist, gegen Erlegung der Zölle, nur in Ballen zu 224 Pfund Nettogewicht erlaubt. Alle sechs Wochen muß der Meister und der erste Gehülfe ein, nöthigen Falls zu beschwörendes, Verzeichniß der verfertigten Waaren abliefern. — Wer heimlich Lichte macht, zahlt 100 l. Strafe; — der Gehülfe 20 l., oder er kommt auf zwei Monath in's Zuchthaus. Bei der zweiten Uebertretung wird die Strafe verdoppelt. Alle allgemeinen Vorschriften kommen, so weit es irgend möglich ist, auch hier zur Anwendung, besonders die über das Anfangen der Arbeit in Gegenwart eines Officianten, über den Verschluß der Feuerungen, Utensilien u. s. w.

10. Linnen, Seidenzeug, Kattun und Callicoes.

Die Abgabe beträgt: für jede Quadratelle (yard) fremder Callicoes, die in Brittanien gedruckt, gemalt oder gefärbt werden soll , , , , , , 7 d.

Für die Quadratelle in Brittanien gewebter Leinwand, ganz oder gemischten baumwollenen, ganz oder mit andern Materialien gemischten wollenen Zeuges, ausgenommen, wenn es schlicht und einfarbig ist, , , , , $3\frac{1}{2}$ d.

Für die Elle ($\frac{1}{2}$ Elle breit) eingeführtes Seidenzeug, außer den Eingangszöllen, 1 s. $1\frac{1}{4}$ d.

Für die Quadratelle fremder Schnupftücher, außer den Eingangszöllen, , , $4\frac{1}{2}$ d.

Bänder und alle seidene Zeuge, die unter $\frac{1}{2}$ Elle breit sind, entrichten die Abgabe nach Verhältniß. Der Drucker oder Färber ꝛc. bezahlt die Steuer. Die jährliche Licenz für diese Gewerbe kostet 10 l.

Gewöhnliche Kattune und eingeführte blaue Callicoes dürfen in Brittanien getragen werden, nicht aber Callicoes anderer Art; diese letztern gehen in das Ausland. Die in England gewebten Kattune haben am Salbande drei blaue Fäden, und sind als Brittische Manufactur-Waaren gestempelt. Kattun, dem jenes Zeichen und dieser Stempel fehlt, wird als fremder betrachtet. Solche ungestempelte Kattune, Cambrics, Schleier, Linnen rc., werden confiscirt und, unter Bedingung der Ausfuhr, versteigert. Vor dem Färben, Drucken u. s. w. wird das Stück von dem Officianten gemessen, gezeichnet, und von dem Färber der Name des Eigenthümers, die Güte und der Preis beigefügt.

II. Malz.

Von dem Malze sind mehrere Abgaben zu entrichten:

a) Die eigentliche Accise, welche für den Bushel (aus Gerste oder anderm Getreide verfertigt) beträgt : : : : : 1s. $\frac{1}{4}$d.

b) Durch jährliche Bewilligungen dauern einige andre Abgaben fort, welche schon länger separat vom Malze erhoben worden sind, oder ursprüng-

Transport 1 s. $\frac{1}{4}$ d.

lich zum Pensionsfonds flossen; sie betragen für den Bushel 1 — 3$\frac{3}{4}$ —

c) Außerordentliche Abgabe bis ein Jahr nach dem Frieden . . . 2 — —

zusammen vom Bushel 4 s. 4 d.

Die unter Nr. 6 erwähnten Abgaben betragen in Schottland nur 7$\frac{3}{4}$ d.; wenn daher Malz aus diesem Lande nach England kommt, so giebt es so viel Nachschuß, daß es mit dem eigentlich Englischen gleich steht. Fremdes Malz darf, bei Strafe der Confiscation, nicht eingeführt werden. Die Licenz kostet dem Mälzer, wenn er es

bis 50 Quarters macht, jährlich .	5 s.
bis 100 . . .	10 —
bis 150 . . .	15 —
bis 200 . . .	1 l. —

und so weiter, von 50 zu 50 Quarters mit 5 s. steigend. Wer das Gewerbe anfängt, zahlt für das erste Jahr 5 s., mit Vorbehalt der Nachrechnungen bei größerem Debit. — Malz, das zur Ausfuhr bestimmt ist, zahlt keine Abgabe, sondern wird sogleich abgesondert in Verwahrung genommen; auf 20 Bushel Getreide dürfen aber nicht mehr als 30 Bushel Malz exportirt werden. Geht Malz durch Feuer, Wasser oder anderes unverschuldetes Unglück verloren, so wird die Abgabe zurückgezahlt. Kein von dem Officianten besichtigtes Malz darf mit schlechterem vermischt werden. Von vier zu vier Wochen überreicht der Malzmacher die Nachweisung des verfertigten Malzes; vier Wochen nachher muß die Abgabe berichtigt seyn.

12. Mauer- und Dachsteine.

Die Abgabe beträgt:

a) vom Tausend Mauersteine, in Brittanien verfertigt, 10 Zoll (inches) lang, 3 Zoll dick und 5 breit . . . . . . 5 s.

b) vom Tausend, wenn sie größer sind, 10 —

c) vom Tausend jener ersten Größe, wenn sie an Einer oder mehr Seiten glasirt, oder geglättet sind (smoothed or polished) . 12 s.

d) Wenn sie größer sind, tritt die Abgabe von Fliesen ein.

e) Vom 1000 gewöhnlicher Dachziegel 4 s. 10 d.

f) Vom 1000 Hohl- oder Forstziegel 12 — 10 —

g) Vom 1000 Fliesen, die Seite 10
Zoll lang, , , , , 2 s. 5 d.
h) Wenn diese größer sind , 4— 10—
i) Vom 1000 der etwa hier nicht
beschriebenen Arten , , 4— 10—

Die Abgabe wird von den Verfertigern bezahlt. Eine gewisse Art von Hohlziegeln, welche zum Entwässern des Landes (draining lands) gebraucht werden, sind frei von der Steuer. Bei der Ausfuhr wird diese vergütet. Von jedem Brande muß man dem Officianten vorher Nachricht geben, welcher dann die regulär aufgesetzten Quanta überzählt, und danach die Abgabe, mit 10 Procent Abzug, bestimmt, ehe die Steine gebrannt werden. Die revidirten Steine sind, getrennt von den noch nicht besichtigten, aufzusetzen.

Länger als drei Tage braucht kein Ziegelbrenner auf den Officianten zu warten, und dieser ist wegen unnützer Zögerungen verantwortlich. Von sechs zu sechs Wochen wird die, auch vom ersten Arbeiter bescheinigte, Nachweisung über die verfertigten Quanta, den Debit

u. s. w. abgeliefert; und sechs Wochen nachher muß die Abgabe berichtigt seyn.

13 Papier.

Die Abgabe beträgt:

1. vom Pfunde Papier erster Classe 3 d.
2. vom Pfunde Papier zweiter Classe, wohin alles braune und graue, bloß aus Lumpen und Strickhadern (cordage) verfertigte gehört , , $1\frac{1}{2}$ —
3. von der Quadratelle gemahlten, gedruckten, gefärbten Papiers, außer der Steuer von 3 d., noch , $1\frac{1}{4}$ —

Kein Papier der zweiten Classe darf gemahlt, gefärbt oder bedruckt werden.

4. Vom Centner geglätteten Papiers, oder von Preßspänen für Tuchmacher und Presser 1 l. 1 s. Wenn diese aber erweislich in Brittischen Manufacturen gebraucht werden, so wird dafür keine Abgabe entrichtet.

Pappe soll nur von versteuertem, ungebrauchtem Papier verfertigt werden; sie ist daher nicht besonders besteuert: man muß aber dem Officianten das zu diesem Zwecke zu verwendende Papier vorzeigen. Kein Papiermacher soll Pappe verfertigen, und zwischen den Werkstätten muß eine Entfernung von $\frac{1}{4}$ Meile (Englisch) seyn.

Die Licenz für den Papier- und Pappenmacher, so wie für den Papierfärber und Drukker, kostet jährlich 2 l.. Papier, welches gefärbt oder gedruckt werden soll, wird vor und nach dem Färben, Drucken u. s. w. gestempelt. Die Abtheilungen nach Büchern, Ries u. s. w. sind gesetzlich vorgeschrieben; 2 Procent werden für zufälligen Verlust bei der Abgabe zu Gute gerechnet. Wird Papier durch Unglück verdorben, oder geht es ganz verloren, so findet Rückgabe der Steuer Statt. — Niemand darf ungestempeltes Papier kaufen und den Umschlag, worauf der Stempel ist, vertilgen: nur bei der Ausfuhr wird dieser abgenommen und die Abgabe vergütet. Alte Lumpen, Hadern, Taue, Netze kann man abgabenfrei einführen. Eingeführtes Papier wird mit einem besondern Stempel bedruckt. Es ist verboten, ursprünglich in England gedruckte, im Auslande nachgedruckte, Bücher nach Großbrittanien zu senden, bei 10 l. Strafe, und bei Verlust des doppelten Werthes. Eine Ausnahme findet indeß Statt, wenn einzelne Bücher mit andern größeren Sammlungen verbunden sind, und wenn das Original zwanzig Jahr vor der Importation des Nachdrucks in England herausgekommen ist. Für alle Bücher, welche auf den Universitäten Oxford oder Cambridge gedruckt werden, sind gewisse Rückzölle auf das Papier bewilligt; so auch für die in das Ausland gehenden Bücher.

14. Rauch- und Schnupftaback.

Vom Rauch- und Schnupftaback wird ein Zoll und eine Accise erhoben. Es beträgt der

	Zoll.	Accise.
a) vom Pfund eingeführten Spanischen und Portugiesischen Taback . .	1s. 6d.	1s. —
wenn er aus dem Waarenhause zur Ausfuhr nommen wird . .	— 1 —	— —
Summa	1s. 7d.	— —

	Zoll	Accise
b) Vom Pfund Rauchtaback aus Rußland oder der Türkei : : : :	6 d.	1 s. 1 d.
c) Vom Pfund Taback aus dem Brittischen oder Spanischen Amerika :	8 —	— 6 —
d) Vom Pfund anderswoher, nur nicht aus Ireland	1 s. —	— 7 —
e) Vom Pfund Rauchtaback aus dem Brittischen Amerika und den vereinigten Nordamerikanischen Staaten	— —	— 4 —
f) Vom Pfund Schnupftaback, wenn er durch die Ostindische Compagnie eingeführt ist : : :	— —	1 — —

Die Bestimmungen über die Rückzölle, die Größe der Schiffe, der Ballen u. s. w. sind zu mannichfaltig, als daß sie hier aufgenommen werden könnten. Nur nach folgenden Städten ist die Einfuhr des Tabacks erlaubt: London, Bristol, Liverpool, Lancaster, Cowes, Falmouth, Whitehaven, Hull und Newcastle am Tyne.

Die Licenz kostet jährlich:

1. dem Manufakturisten, welcher Rauch- und Schnupftaback bis 20,000 Pfund verfertigt 2 l.
bis 30,000 = = = 3 —
bis 40,000 = = = 4 —
und so steigend weiter. Für das erste Jahr des Betriebs wird einstweilen der erste Satz, doch mit Vorbehalt der Nachrechnungen, angenommen.

2) Dem Händler (dealer) im Bezirke von London 5 s.; anderwärts die Hälfte. Der Manufakturist braucht die letztere Licenz nur in dem Falle zu lösen, wenn er Quantitäten unter 4 Pfund Rauchtaback und 2 Pfund Schnupftaback verkauft. Uebrigens gelten hierbei die schon öfter erwähnten Vorschriften über die Nachweisung der Maschinen, Utensilien und Gefäße, über die Inschriften am Hause, das Halten der Bücher, das Nehmen der Proben, die Anwesenheit der Officianten, u. s. w. Innerhalb fünf Englischer

lischer Meilen von der Seeküste soll keine Tabacks-Manufaktur seyn, ausgenommen in den schon genannten Städten, und in Marktstädten überhaupt. Wer andre Blätter, Kräuter ꝛc. unter den Taback mischt, oder sich schädlicher Saucen und Färbemittel bedient, zahlt 200 l. Strafe, und hat die Confiscation der Waare verwirkt. Das Aushökern des Tabacks ist gänzlich verboten. Keiner darf in diesen Sachen als Officiant auftreten, der bei einer Tabacks-Fabrik interessirt ist.

15. Salz.

Die Abgabe beträgt:

a) Für den Bushel eingeführtes Salz, wenn es nicht aus Irland kommt, . . .	13 s. 4 d.
b) Vom Bushel Körner- und Steinsalz, in England gewonnen	10 — —
c) Desgleichen in Schottland gewonnen	4 — —
d) Vom Bushel Glauber- oder anderem Brechsalze, in England verfertigt	1 l. — —

e) Vom Bushel ausgeführten Salzes, das nicht nach Ireland geht — 1 d.
f) Der Bushel Salz, welcher aus England nach Schottland geht, zahlt Nachschuß . . . — 6 s. —
g) Vom Bushel, der in Schottland zum Einpökeln und zur Schiffs-Versorgung gebraucht wird, zahlt der Eigenthümer des Schiffes in Schottland . — 6 — —
h) Für 100 Pfund Pökel-Rind- oder Schweinefleisch, welches zu Lande von Schottland nach England gebracht wird, zahlt der Verkäufer beim ersten Englischen Accise-Amte . . . — 2 — 6 —

Von Körnersalz gelten 56 Pfund, und von Steinsalz 65 Pfund für einen Bushel. Die Abgabe wird vergütet, wenn Salz untergeht, oder durch Unglück verdorben wird; sonst wird 2 p. C. für gewöhnlichen Ausfall berechnet. Salz, welches zur Verfertigung von Salzsäure, oder zum Behuf des Leinwand- und Kattun-Bleichens verbraucht wird, ist frei von Abgaben. Die Salz-Niederlagen stehen mit unter dem Beschlusse der Officianten. Zum Pökeln der Fische kann Salz ohne Abgabe eingeführt und aufgeschüttet werden; es wird zu verschiedenen Quantitäten, nach den verschiedenen Arten von Fischen, herausgegeben.

16. Seife.

Vom Pfunde harter oder Kugel-Seife wird entrichtet . . . . $2\frac{1}{4}$ d.

Vom Pfunde weicher oder Schmier-Seife $1\frac{3}{4}$ —

Zum Besten der Brittischen Manufakturen wird aber von jener Abgabe zurückgerechnet (allowances):

a) für das Pfund harter Seife in Manufakturen, welche ganz, oder doch zum größten Theile, Wolle verarbeiten . . . $1\frac{1}{2}$ d.

b) Desgl. von dem Pfunde weicher Seife 1 —

c) Für das Pfund harter Seife zum Waschen neues Linnens zum Verkauf . $1\frac{1}{4}$ d.

d) Desgl. vom Pfunde weicher Seife $\frac{3}{4}$ —

Die jährlich zu lösende Licenz für den Seifensieder beträgt 2 l. Bei der Ausfuhr inländischer versteuerter Seife werden Rückzölle bewilligt, doch nicht bei der Wiederausfuhr besteuer=ter ausländischer Seife. Die Formen, worin die Seife gegossen, oder die Stücke, worin sie geschnitten wird, haben bestimmte Größe. Für Abgang, Verlust ꝛc. werden 10 p. C. zu Gute gerechnet. Die Aufsicht der Officianten über die Größe und Stellung der Gefäße, die Quantität und Qualität der Materialien, die Controlle über die Größe der Fabrikation und den Debit ist hier besonders genau. Wöchentlich muß der Seifensieder über die letztgenannten Verhältnisse Anzeige machen. Keine Seife darf in Ballen eingeführt werden, die weniger als 224 Pfund netto wiegen.

17. Silbergeschirr oder Silber= und Goldschmiede.

Die eigentliche Abgabe von silbernen und goldenen Waaren wird unter den Stempeln er=hoben. — Licenzen sind nicht nöthig, wenn je=mand zu einzelnen Waaren nicht über 2 penny Gewicht Gold oder 5 penny Gewicht Silber verarbeitet. Braucht er zu einer einzelnen Waare mehr als jene Quantitäten, doch nicht über 2 Un=

zen Gold und 30 Unzen Silber, so kostet die Licenz . . . . . 2 l. 6 s.

Wer zu einer Waare größere Quantitäten braucht, desgleichen ein Auctionator, zahlt für die Licenz . . 5 — 15 —

Diese Licenz gilt (wie allgemein) nur für Einen Laden, doch für mehrere Theilnehmer.

18. Stärke und Puder.

1) 100 Pfund eingeführter Stärke geben . . . . . 5 l. 17 s.

2) Der Centner gewöhnlicher Puder giebt . . . . 6 — —

3) Der Centn. parfümirter Puder 8 — 8 —

4) Das Pfund in England verfertigter Stärke . . . — — $3\frac{3}{4}$ d.

5) Wird die Stärke in Baumwollen-Manufacturen gebraucht, so werden für das Pfund weniger gezahlt (allowance) . . — — $1\frac{1}{2}$ —

6) Wird die Stärke gebraucht, um rohe Leinwand ganz zum Verkauf fertig zu machen, so wird gleichfalls weniger gezahlt . . — — 3 —

Die Licenz kostet jährlich · 5 l.
Keiner erhält eine Licenz, der im Accise-Bezirk von London nicht eine Besitzung von 10 l. jährlicher Rente hat, davon besteuert wird, und zu den Armen-Taxen beiträgt; in den übrigen Theilen des Reiches Niemand, der nicht zu diesen Taxen oder zu der Fenster- und Häuser-Steuer beiträgt.

Die Stärke wird in reguläre Formen gegossen oder geschnitten, in Papier geschlagen, gebunden, und so gestempelt, daß, ohne den Stempel zu beschädigen, keine Oeffnung möglich ist. Ungestempelte Stärke wird confiscirt. Wöchentlich müssen der Behörde Nachweisungen über die Fabrikation, den Debit u. s. w. eingereicht, und eine Woche nachher die Abgabe entrichtet werden. Stärke darf man nur in Kisten über 224 Pfund Netto-Gewicht einführen. Auszuführende Stärke wird in Gegenwart des Officianten gepackt, und von ihm mit dem Worte Ausfuhr bezeichnet. Findet sich solche Stärke im Lande, so wird sie confiscirt. Mischung des Puders mit Alabaster, Kalk und dergl. ist streng verboten.

19. Wein.

a) Von der Tonne Französischen Weins betrug die ältere Accise . . . 48 l. 6 s.

Hierzu kommt die außerordentliche Erhöhung, bis ein Jahr nach dem Frieden, mit . . . 18 — —

in Summa 66 — 6 —

b) Von der Tonne jedes andern Weins . . . . 32 — 11 —

Erhöhung . . . . 12 — —

in Summa 44 — 11 —

Die Licenz zum Großhandel wird unentgeldlich ertheilt. Der Detailhändler entrichtet dafür, wenn er weder zum Bier- noch zum Branntweinschank Erlaubniß hatte, . . 5 l. 4 s.
wenn er nur die erste Erlaubniß hatte, 4 — 4 —
wenn er schon beide Licenzen hatte, . 2 — 4 —

Die Concession der Friedensrichter muß vorhergehen, ehe die Licenz ertheilt wird. Wer mit fremden Weinen handelt, darf keine künstlichen (sweets) oder sogenannten Brittischen Weine besitzen. Ohne Erlaubnißschein dürfen keine fremden Weine aus den Packhöfen in Magazine, und aus den Magazinen in großen Quantitäten an Privatpersonen verabfolgt werden. Ueber den Debit sind genaue Listen zu führen; der Händler muß zu jeder Zeit beweisen können, daß alle bei ihm gefundenen Vorräthe versteuert sind.

20. Wein-, Obst-, Bieressig und künstliche Weine (sweets).

a) Die Tonne eingeführten Wein- oder Obstessigs entrichtet . . 37 l. 16 s.

b) Das Barrel Essig, in England aus Wein, Bier oder andern Flüssigkeiten verfertigt, . . — 10 —

c) Das Oxhoft Obstessig, in England verfertigt, ... 7 — 8 d.

Die Licenz zum Verfertigen kostet jährlich 10 l. Niemand, der aus Syrup, Zucker oder andern Materialien (Malz und Korn ausgenommen) Essig brauet, darf an demselben Orte Branntwein brennen.

Vom Barrel künstlicher, aus Früchten, Zukker, oder andern Ingredienzien und Mischungen verfertigter Weine oder Getränke, wird bezahlt . . . . . 2 l. 2 s.

Erhöhung bis ein Jahr nach dem Frieden . . . . . — 7 —

in Summa 2 — 9 —

Der Fabrikant bezahlt die Licenz mit 5 l. Die Detailhändler (zu denen Jeder gehört, der Quantitäten unter 25 Gallonen verkauft) 2 l. 4 s. Auf den Aushänge-Schildern muß genau bemerkt seyn, wo künstliche Weine und wo echte natürliche verkauft werden.

IV. Die Landtaxe; Grundsätze ihrer Erhebung und Verwaltung.

Schon bei Ertheilung der magna charta ward dem Könige von England $\frac{1}{15}$ von allen beweglichen Gütern bewilligt, welches anfänglich auf die Einzelnen gelegt, späterhin aber, im achten Jahre von Eduard's III Regierung, auf die Städte und Districte vertheilt, den Einwohnern indeß überall freigestellt wurde, sich selbst untereinander abzuschätzen. Da ward die Steuer allmählich höher im Verhältniß des Grundbesitzes, als der wechselnden beweglichen Güter. Sie trug zur Zeit des letztgenannten Königs etwa 29 000 l. Als diese Einnahme für die Bedürfnisse des Staates nicht zureichten, schrieb man $\frac{2}{15}$, $\frac{3}{15}$ aus, indem man die, auf die Städte und Districte fixirt gelegte, Summe verdoppelte oder verdreifachte. Noch immer konnten die Ausgaben mit diesen Einnahmen nicht bestritten werden; man verband daher mit ihnen, unter dem Namen „Subsidien" oder Hülfsgelder, eine Steuer von ganz verschiedener Art: sie betrug 4 s. vom Pfunde für jede Rente vom Grundvermögen, 2 s. 8 d. vom Pfunde für die Einnahmen aus andern Quellen. Die Funfzehnten standen fest, der Betrag der Subsidien aber war, der Repartitions- und Erhebungsart halber, wechselnd: er fiel immer mehr, bis zu der Zeit des langen Parliaments die Summen für die Grafschaften fixirt wurden und aufgebracht werden mußten. Eine festere Einrichtung und, wo möglich, ein höherer Ertrag schien unter König Wilhelm III nöthig; es wurde daher beschlossen, alle

Grundbesitzungen, nach der Größe der Pacht oder Rente, mit 4 s. vom Pfunde anzuziehen, und eine gleiche Steuer von allem andern Einkommen (personal estates), Gewerben, Gehalten u. s. w. zu erheben; das Einkommen des Militairs ausgenommen. Obgleich die gesammte Rente von dem Brittischen Grundvermögen nur auf etwa 10 Millionen Pfund Sterling veranschlagt wurde, so erschien doch die daher entstehende Einnahme wichtiger und größer, als die damit in Verbindung stehende Hebung von dem Einkommen, welches nicht aus dem Grundvermögen entstand; und die Benennung „Landtaxe" ward allgemein, ob sie gleich keinesweges als eine reine Grundsteuer erscheint. Die Acten über die Landtaxe wurden bis zum Jahre 1798 jährlich erlassen; dann aber setzte man fest, daß die Einnahme — sie betrug 2,037,627 l. 9 s. $\frac{1}{4}$ d. — zur Befestigung des Credits unabänderlich, und der Abkauf der eigentlichen Grundsteuer erlaubt seyn; ja, daß jeder Dritte das Recht haben solle, diese Hebungen durch Erlegung des Kapitalwerths an sich zu kaufen, sobald der Zahlungspflichtige versäume, es binnen der gesetzlichen Frist selbst zu thun. Dieser Kapitalwerth wurde nicht in baarem Gelde, nicht in Wechseln oder Banknoten, sondern bloß in Drei-Procent-Stocks nach dem Marktpreise, abgetragen. Der niedrige Stand dieser Staatspapiere war vermuthlich die erste Veranlassung zu diesen Bestimmungen; denn wenn für die Einnahme der zwei Millionen von der Landtaxe 80 Millionen Staatspapiere, welche zu 50 Procent standen, erlegt wurden: so ersparte der Staat die Zinsen der letztern, welche, zu 3 Procent, 2, 400,000 l. betrugen. Der Gewinn belief sich also beinahe auf 400,000 l., und überdies vermehrte sich auch der Credit um 80 Millionen, weil die Staatsschuld um so viel vermindert wurde. — Im zweiten Abschnitte werde ich Gelegenheit haben, dies Verfahren und die dagegen erhobenen Einwendungen zu prüfen.

Für alle Diejenigen, welche die Grundsteuer nicht abkaufen, bleibt nicht allein die bisherige jährliche Festsetzung und Erhebungsart, sondern es ist ihnen auch die Möglichkeit einer Erhöhung drohend von fern gezeigt. — Die mit der Grundsteuer unter dem Namen der Landtaxe, von allen andern Einnahmen aufzubringende Abgabe, wird jetzt besonders vertheilt und erhoben; doch ebenfalls von den Commissarien für die Landtaxe, und unter näheren Bestimmungen, von welchen sogleich die Rede seyn wird. Die Commissarien für die Landtaxe ersetzen sich jährlich durch Wahl. Sie müssen ansäßig seyn, ein nach den Gegenden verschiedenes nicht unbedeutendes Vermögen besitzen, und die Größe desselben auf Verlangen eidlich erhärten. Sie schwören die gewöhnlichen Englischen Eide (of allegiance, supremacy and abjuration). — In vier Zusammenkünften werden alle Geschäfte, welche die Landtaxe betreffen, auf das laufende Jahr abgemacht.

Bei der ersten Versammlung theilen die Commissarien den unter allgemeiner Aufsicht stehenden größern District in bestimmte Unterabtheilungen, welche den Einzelnen zur speciellen Aufsicht angewiesen werden. Sie erwählen Generalsekretäre (clerks) auf ein Jahr; diese müssen die Hebe-Register, Duplicate, Instructionen,

Zahlungsbefehle u. s. w. schreiben, und erhalten dafür $1\frac{1}{2}$ d. vom Pfunde aus der Casse des Obereinnehmers. Diesen Obereinnehmer setzt der König; sein Gehalt darf nicht 2 d. vom Pfund übersteigen. Die Commissarien sind nicht berechtigt, die Quoten der alten Kataster in Hinsicht auf ganze Communen abzuändern; die Abänderungen betreffen immer nur die Einzelnen jeder Commune unter sich selbst. Die Commissarien erwählen Beisitzer oder Steuerrepartitoren (assessors), welche indeß das Amt nur für ihren Wohnort zu übernehmen verbunden sind. Diesen werden Schemata folgenden Inhalts zum Gebrauch eingehändigt.

<table>
<tr><td>Grafschaft N
Kirchspiel N</td><td colspan="2">Steuervertheilung im Verfolg der Parliamentsacte vom Jahre ... für die in Großbrittanien anno ... zu bezahlende Landtaxe.</td></tr>
<tr><td>Eigenthümer</td><td>Inhaber und Pächter</td><td>Summe der Steuer</td></tr>
<tr><td></td><td></td><td></td></tr>
</table>

Bei der zweiten Versammlung erscheinen auch die Beisitzer, und werden über ihre Geschäfte vollständig von den Commissarien unterrichtet. Es geschehen die Vorarbeiten zur Anfertigung der Special-Cataster, wobei folgende Hauptgrundsätze nicht aus den Augen gelassen werden dürfen:

a) Die Quanta der Landtaxe für die Communen stehen fest, und unter diesen Quantis ist sowohl die Steuer vom Grundvermögen, als von anderem Einkommen begriffen.

b) Weil indeß jene Grundsteuer ablösbar ist, die letzte Abgabe aber nicht, so zerfällt das der ganzen Commune aufgelegte Quantum seit 1798 in zwei unwandelbare Theile, welche besonders vertheilt, erhoben und berechnet werden.

c) Die Quoten der Einzelnen ändern sich; in keinem Falle aber darf an der ganzen der Commune aufgelegten Hauptsumme ein Ausfall entstehen. Ist eine Summe nicht beizutreiben, so wird sie von neuem auf die ganze Commune repartirt.

Die Steuer von allem Einkommen, das nicht aus Grundvermögen herrührt, also von Kapitalien, Gewerbe, Gehalt, Künstler- und Arbeitslohn, wird auf billigst-mögliche Weise nach Procenten so vertheilt, daß die für die Commune festgesetzte Summe herauskommt. Es leuchtet ein, daß, ungeachtet der Fixation der letztern, bei dem Wechsel der Größe des Einkommens und der Zahl der Beitragenden die Abgabe in den verschiedenen Jahren nicht gleich seyn kann; doch ist sie im Allgemeinen nur unbedeutend. Schulden, ganz unsicher ausstehende Kapitalien, Kapitalien welche auf Land ausgethan sind, Hausgeräth, und Sold des Militärs werden nicht besteuert. Der Hauseigenthümer muß Nachweisungen der Miether anfertigen; die Behörden liefern den Commissarien Nachweisungen der öffentlichen Beamten, ihrer Einnahme, Pensionen rc. Diese zahlen wegen ihres Gehaltes da, wo sie ihrem Amte vorstehen; wegen Pensionen, Annuitäten u. s. w. da, wo diese zahlbar sind. Ueberhaupt wird Jeder in der Regel da besteuert, wo er wohnt, ausgenommen, wenn das

Ein-

Einkommen offenbar zu andern Communen gehört. Alte Seeofficiere und ihre Witwen sind frei von der Abgabe; wer sich aber widerrechtlich derselben entzieht, bezahlt das Dreifache.

Die eigentliche Grundsteuer oder Landtaxe wird nach Procenten der Einnahme vertheilt auf Aecker, Wiesen, Holz, Steinbrüche, Kohlengruben, Eisen-, Alaun-, Salzwerke, Zehnten, Fischereien, u. s. w. — Einnahmen an Chausseegeldern sind frei. — Für Renten, Zehnten, Abgaben u. s. w., die auf Grundstücken ruhen und jährlich nicht unter 20 s. betragen, kann von dem Eigenthümer ein verhältnißmäßiger Abzug von der Landtaxe gemacht werden. Milde Stiftungen, Professoren, Schullehrer zahlen nicht; bewohnen aber andre Personen ihre Gebäude, oder kommen steuerbare Grundstücke in die Hände milder Stiftungen, so dauert die Abgabe fort. Arme, und solche Personen, deren Grundstücke jährlich nicht über 20 s. eintragen, sind frei. Die Commissarien bestimmen die Quota der Assessoren. Die Pächter zahlen für die Eigenthümer, und ziehen den Betrag von der Pacht ab. Die Assessoren fertigen nunmehr die Hebe-Register an, und lassen ein Exemplar vierzehn Tage vor der dritten Versammlung zu Jedermanns Einsicht öffentlich anschlagen. Drei Exemplare bringen sie mit zur dritten Versammlung. Von denselben erhält eins der Obereinnehmer; eins geht zur Schatzkammer; eins empfängt der Einnehmer, welcher jetzt auf den Vorschlag der Assessoren gewählt wird und, auf Verlangen, Caution bestellt. Die Commissarien prüfen und unterzeichnen die Hebe-Register, und setzen den Termin zur Annahme der Beschwerden und Appellationen, oder die vierte Versammlung, wenigstens 30 Tage später als die dritte an, weil in dieser Zwischenzeit die Hebung vollständig besorgt seyn muß. Der Tag dieser Appellation wird öffentlich in den Kirchen bekannt gemacht und das bestätigte Hebe-Register beim Einnehmer öffentlich ausgelegt. Die Appellation ist nur gültig, wenn dem Beisitzer oder Steuervertheiler vorher schriftlich Anzeige geschah, damit dieser wiederholt prüfen und die nöthigen Beweismittel herbeischaffen konnte.

Gegen das Appellations-Erkenntniß der Commissarien findet kein weiteres Rechtsmittel Statt. Prägravationen werden, nach den oben aufgestellten Grundsätzen, im Bezirke selbst ausgeglichen. Betrifft der Streit einen Commissarius selbst oder seine Verwandten, Mündel u. s. w., so muß er sich entfernen.

Listen der Commissarien, Beisitzer und Einnehmer gehen an die höchste Finanz-Behörde; Listen der Besteuerten an den General-Sekretär des Friedensrichters, um zu ersehen, wer an den Parliaments-Wählen Theil nehme. Ist Jemand unter 40 s. jährlicher Rente angesetzt, folglich unfähig, als Wähler für die Grafschaften aufzutreten, so kann er an die nächsten Quartal-Sessionen appelliren, nachdem er den Commissarien zehn Tage vorher hierüber Anzeige gemacht hat. Der Einnehmer sendet den Commissarien eine Nachweisung der säumigen Zahler; diese erinnern, exequiren, lassen auspfänden, verkaufen, ja zur gefänglichen Haft bringen, nach strengen Vorschriften. Vierteljährlich untersucht der Commissarius, ob die Gelder gehörig gehoben sind: vierteljährlich überliefert der Einnehmer das Geld dem Ober-Einnehmer, und zieht bei der letzten Zahlung 3 d. vom l. für seine Bemühung ab. Der Ober-Einnehmer stellt die Quittungen unentgeldlich aus, und liefert das Geld zur Schatzkammer. Die Strafen für Nachlässigkeit und Betrug der verschiedenen Officianten sind streng und bestimmt, beinahe für alle denkbare Fälle.

V. Von den fixirten Taxen (assessed taxes).

Die Darstellung dieses etwas weitläuftigen Kapitels zerfällt, zu besserer Uebersicht, in folgende Abtheilungen:

A. Von der Erhebung und Administration jener Taxen, und zwar:

1) Von den Eigenschaften der Commissarien, Beisitzer, Einnehmer, Aufseher u. s. w., und der Art sie zu ernennen.

2) Von den Geschäften dieser Officianten, der Hebungsart, den Gerichten, Strafen u. s. w.

B. Von den fixirten Taxen selbst, und zwar:

1) Steuer von Bedienten,
2) — — Fenstern,
3) — — Häusern,
4) — — Hunden,
5) — — Pferden,
6) — — Pferdehändlern,
7) — — Puder,
8) — — Wagen oder Kutschen,
9) — — Wapen und Livreien.

A. 1. Von den Eigenschaften der Commissarien u. s. w.

Folgende Officianten sind bei Erhebung dieser Steuer beschäftigt: Commissarien, Schreiber (clerks), Beisitzer oder Steuervertheiler, Einnehmer, Ober-Einnehmer, Aufseher oder Revisoren (surveyors). Um durch Wahl Commissarius werden zu können, muß man im Bezirke ansäßig seyn, ein bedeutendes reines Vermögen besitzen, welches, nach Verschiedenheit der Gegenden des Reichs, verschieden, in dem Bezirke von London aber auf 5,000 l. bestimmt ist; man muß endlich die gewöhnlichen Eide leisten. Die Commissarien der Districte treten zusammen, und wählen bei ihrer ersten Zusammenkunft Einen oder mehr Schreiber auf ein Jahr, welche aber im Laufe desselben ohne zureichenden Grund nicht entfernt werden dürfen: sie wählen ferner die erforderliche Zahl von Beisitzern oder Steuervertheilern. Diese schlagen bei der zweiten Zusammenkunft Personen zu Einnehmern vor, aus welchen die Commissarien nach ihrem Ermessen die Tauglichsten auswählen. Sollten durch irgend ein Hinderniß oder Versehen die Beisitzer und Einnehmer nicht gehörig binnen den gesetzten Fristen ernannt worden seyn, so geschieht dies durch die Civil-Obrigkeit. Die Weigerung eine Stelle anzunehmen, kostet 50 l.; dagegen ist es erlaubt, den Antrag, außerhalb seines Wohnortes ein solches Amt anzunehmen, zurückzuweisen.

Die Einnehmer müssen Caution stellen, wenn es die Gemeinden oder ihre Vorsteher verlangen: die Commissarien dürfen nicht einseitig von dieser Verpflichtung entbinden. — Der König, oder vielmehr die Lords der Schatzkammer, ernennen die Ober-Einnehmer, ingleichen die Aufseher, und bestimmen das Gehalt der letztern. Den Commissarien und Beisitzern ist keine Geldvergütung angewiesen: die Ehre des Geschäfts ist ihre Belohnung, und die kurze Dauer des Amtes erleichtert die Beschwerlichkeit. Der Ober-Einnehmer erhält 2 d., der Einnehmer 3 d. vom Pfunde seiner Einnahme, der Schreiber 1½ d. vom l. der Einnahme in seinem Districte. General-Nachweisungen über die Zahl und Namen der Beisitzer, Einnehmer und Schreiber gehen an den Ober-Einnehmer und an die höchste Finanz-Behörde.

A 2. Von den Geschäften der Officianten, der Hebungsart u. s. w.

Die gewählten Beisitzer erscheinen zehn Tage nach erhaltener Anzeige vor den Commissarien, die ihnen bekannt machen, welche Abgaben für das nächste Jahr von ihnen festgesetzt und vertheilt (certificated or assessed) werden sollen. Sogleich nach der Heimkehr fordern sie durch öffentlichen Anschlag zur Mittheilung aller der

Nachrichten auf, welche zur Feststellung der Taxen erforderlich sind: sie senden aber noch außerdem eine schriftliche Weisung in jedes Haus, ja an jede einzelne steuerpflichtige Person. Die Hauseigenthümer müssen Sorge dafür tragen, daß die Miether die Notizen gehörig einsenden und nichts übergehen. Wer mit Vorsatz unvollständige Nachrichten gegeben oder steuerbare Gegenstände übergangen hat, wird bestraft und vom Beisitzer abgeschätzt, ohne dagegen etwas einwenden zu dürfen. Die Beisitzer sind überhaupt berechtigt und verpflichtet, die Nachweisungen zu prüfen und zu ergänzen; sie schätzen die einzelnen, ihrem Wohnorte nahe gelegenen Etablissements mit ab. Zur zweiten Versammlung der Commissarien liefern sie die Hebe-Register, welche jetzt von den Schreibern zusammengesetzt und dreifach abgeschrieben werden: ein Exemplar behalten die Commissarien; das zweite wird den Einnehmern, und das dritte den Ober-Einnehmern zugestellt. Die Aufseher sind verpflichtet, die Hebe-Register zu prüfen und den Commissarien zur Abhelfung der Mängel und Irrthümer Anzeige zu machen; sie dürfen sich aber nicht anmaßen, die Geschäfte der letztern selbst zu besorgen. Auch der Ober-Einnehmer muß der höchsten Finanz-Behörde Anzeige machen, wenn er Fehler oder Vergehungen bei der Besteuerung wahrzunehmen glaubt. Ueberhaupt tritt bei jeder Zögerung oder Vernachlässigung die Einwirkung des Aufsehers und selbst der Commissarien des benachbarten Districts ein. Jene untersuchen zwei Mal im Jahre, ob Prägravationen Statt finden; wenn sie aber etwas aus Partheilichkeit ohne zureichenden Grund ändern, so trifft sie die Absetzung und eine Strafe von 100 l..

Die Hebe-Register gelten auf ein Jahr, die Zahlungen erfolgen vierteljährlich, spätstens zehn Tage nachher, wenn jedem Steuerpflichtigen die Zahlungen angesagt sind. Bei längerem Zögern dürfen die Einnehmer auf den Grund der allgemeinen, von den Commissarien erhaltenen Vollmachten, exequiren, auspfänden, verkaufen, ja zur gefänglichen Haft bringen lassen. Die Einnehmer liefern das Geld an den Ober-einnehmer, welcher unentgeldlich quittirt; jener ist aber nicht verbunden, das Geld weiter als 10 (Englische) Meilen von seinem Wohnorte zur Haupt-Casse zu bringen. Die Ober-Einnehmer können sich, mit Beistimmung der Commissarien, executivisch an das Vermögen der Einnehmer halten, wenn diese mit Einsendung des Geldes säumen; die Einnehmer können für Vergehungen von den Commissarien sogar abgesetzt werden. Diese revidiren, nöthigen Falls mit Zuziehung der Aufseher und Obereinnehmer, die Cassen der Einnehmer, und verfügen wegen der Reste. Ueber diese müssen schriftliche Nachweisungen vorgezeigt und an Eides Statt bezeugt werden, daß keine Hebung geschehen ist oder geschehen konnte, und daß am Tage des Zahlungs-Termins kein Object oder auch keine Person vorhanden war, an welche man sich wegen der Zahlung hätte halten können. Die Commissarien prüfen, ob Niederschlagung, oder ob Uebertragung durch die Commune eintreten müsse, und lassen durch die Obereinnehmer ihre Entscheidung an die höchste Finanz-Behörde gelangen. Der Einnehmer muß den Vorstehern der Gemeinden, den Aufsehern über die Armen, oder der Versammlung des Kirchspiels die erhobenen Summen, die Reste und die abgelieferten Quanta schriftlich anzeigen. Hat er nicht zur rechten Zeit gehoben, so bleibt er den Communen verantwortlich, und darf die Reste nicht auf die Haupt-Nachweisung derselben bringen. Die Ober-Einnehmer sind verpflichtet, den Commissarien nachzuweisen, was sie erhoben, und was sie zur Schatzkammer abgeliefert haben. Wer an mehreren Orten steuerbare Objecte besitzt, muß sie an jedem, bei 50 l. Strafe, besonders und genau nachweisen; Dörfer indeß, Grundstücke und Häuser, welche in zwei oder mehr Bezirken liegen, werden ungetrennt nur in Einem besteuert. Niemand darf, ehe er die Abgabe entrichtet hat, den Bezirk verlassen; die Commissarien der andern Bezirke treiben von ihm auf Verlangen nicht allein die Abgabe, sondern auch 20 l. Strafe bei. Steuerreste des letzten Jahres gehen allen andern Forderungen vor. Zu außerordentlichen Ausgaben können nur die Lords der Schatzkammer genügende Autorisation ertheilen.

Wer sich durch Betrug der Besteuerung entzieht, zahlt das Dreifache. Es giebt schlechterdings keine Ausnahme von der Steuerpflichtigkeit, weder durch Stand, noch Würden, noch Patente, Gnaden, Privilegien u. s. w. Eltern, Vormünder, Verwandte haften für die Kinder, die Unmündigen 2c., und halten sich an das Vermögen derselben. Alle Bücher, Papiere u. s. w., welche auf die Steuer Beziehung haben, können in Todesfällen nicht zurückbehalten werden, sondern gelten für allgemeines Eigenthum der Behörde. Wer mehr als zwei eheliche, noch nicht versorgte oder ansäßige Kinder hat, und jährlich mehr als 40 l. fixirter Taxen bezahlen muß, darf 4 p. C. abziehen.

Die Steuer-Cataster werden öffentlich bekannt gemacht; die Termine, wenn Appellationen und Beschwerden vor den Commissarien anzubringen sind, durch Anschläge an den Kirchthüren verkündigt. Nur zweimal im Jahre nehmen die Letztern Appellationen an, und entscheiden ohne Dazwischenkunft der Rechtsgelehrten in letzter Instanz; ganz einzelne Fälle ausgenommen, wo das Gericht der königlichen Bank (kings bench) oder das Gericht der Schatzkammer das Urtheil fällt. Der Appellant welcher hier verliert, zahlt 40 s. Strafe. Herabsetzung der Abgabe für das laufende Jahr findet nur dann Statt, wenn die Prägravation sogleich vollständig bewiesen wird, und die größere Zahl der Commissarien dafür stimmt. Die Beisitzer sind bei diesen Untersuchungen gegenwärtig. Niemand hat eine Stimme in Angelegenheiten seiner Verwandten, Mündel, Mandanten und Mandatarien, Pächter, Verpächter, Anwalde, Clienten u. s. w.. Alle zuerkannten Strafen werden binnen Jahresfrist, zur Hälfte für den König, zur Hälfte für den Denuncianten, beigetrieben; doch kann der General-Fiscal (Attorney general) das Verfahren sistiren, wenn er sich überzeugt, daß der Bestrafte nicht mit Vorsatz betrieglich verfahren ist. Jede der nachstehenden Abgaben wird besonders erhoben und in die Bücher eingetragen.

B. Von den fixirten Taxen selbst.

1) Steuer von Bedienten.

Wer Einen männlichen Bedienten hält, zahlt jährlich	2 l.	5 s.
Wer zwei hält, für jeden	2 —	10 —
Wer drei hält, für jeden	3 —	—
Wer vier hält, für jeden	3 —	10 —

und so steigend, doch nicht in einer ganz reinen arithmetischen Progression. Für jeden Bedienten, den eine unverheirathete Mannsperson hält, wird, außer jener Abgabe, entrichtet 1 l. 10 s. Diese Steuer erstreckt sich auf männliche Domestiken jeder Art, Haushofmeister, Kutscher, Köche, Gärtner, rc. Kaufmannsdiener zahlen nach andern, Personen die nur bisweilen nebenher Bedienten sind, hauptsächlich aber beim Ackerbau oder in Manufakturen arbeiten, nach geringern Sätzen. Ausgenommen sind: Arbeiter für täglichen Lohn, bloße Landbauer und Manufaktur-Arbeiter, Diener in Hospitälern und ähnlichen Anstalten, Soldaten welche nur nebenher Officieren von geringerem Range oder Invaliden aufwarten.

Jede Veränderung, die mit den Dienstboten vorgenommen wird, muß der Behörde angezeigt werden.

2) Steuer von Fenstern.

Die Abgabe beträgt	in England l.	s.	d.	in Schotland l.	s.
von 6 Fenstern, wenn die Hausrente jährlich nicht 5 l. übersteigt,	—	6	—	—	4
von 6 Fenstern, wenn die Rente höher ist	—	8	—	—	6
von 7 Fenstern	—	18	6	—	16
— 8 —	1	10	—	1	8
— 9 —	1	18	—	1	16
— 10 —	2	10	—	2	8
und so steigend z. B.					
von 15 Fenstern	6	5	—	6	3
— 20 —	10	—	—	9	18
— 40 —	25	15	—	25	13
— 100 —	52	9	—	52	7
— 150 —	72	9	—	72	7
— 180 —	83	—	—	82	18

Für jedes Fenster über 180, werden 2s. 6d. bezahlt. Steuerbar sind alle Fenster des Wohnhauses; dazu gehören auch Dach-, Boden-, Gewölbe- und Gangfenster außen oder im Innern des Hauses, Fenster der Küche, des Wasch-, Back- und Brauhauses. Erleuchten Fenster mehrere Stuben oder Abtheilungen, so werden sie mehrfach gezählt und bezahlt. Fenster, die eine gewisse Größe übersteigen (über 12 Fuß hoch, oder über 4 Fuß 9 Zoll breit bei 3 Fuß 6 Zoll Höhe) werden doppelt gerechnet, wenn sie anders nicht schon vor Einführung der Taxe vorhanden waren. Der Eigenthümer des Hauses haftet für alle Bewohner; ist er abwesend, so hält man sich an diese. Wer freie Wohnung hat (Geistliche, Schullehrer), zahlt als Eigenthümer. Die Abgabe wird nach Verhältniß der Zeit im Verlauf eines Jahres getheilt, wenn der Eigenthümer oder Bewohner wechselt; heruntergesetzt, wenn das Gebäude den größten Theil des Jahres unbenutzt gestanden hat, und dem Beisitzer zur gehörigen Zeit Nachricht davon gegeben worden ist.

Von

Von der Steuer sind ausgenommen: Königliche und öffentliche Gebäude, Hospitäler, Kapellen, Käse- und Milchhäuser, woran keine Glas- sondern Drath-Fenster, oder auch eiserne oder hölzerne Stangen befindlich sind, und endlich, worin niemand schläft. Doch muß mit großen Römischen Buchstaben daran geschrieben stehen: — Käse- oder Milchgebäude.

Wer Fenster durchbrechen oder zumauern lassen will, muß es dem Aufseher anzeigen. Nach dem Anfange des Steuerjahres findet keine Verminderung für das Vermauern Statt; auch darf dies gesetzlich nur in dem Falle geschehen, wenn man dieselben Materialien dazu nimmt, aus denen das Haus erbauet ist.

3) Steuer von Häusern.

Für jedes bewohnte Haus mit Hof, Zubehör und Garten wird gezahlt bei jährlicher Rente

von 5 bis 20 l.	- - -	1 s.	4 d.
von 20 bis 40 —	- - -	2 —	—
von 40 und mehr l.	- - -	2 —	6 —

Bei Berechnung der Rente werden Remisen, Ställe, Waschhaus, Holzraum u. s. w. mit in

Anschlag gebracht; eben so mit den Häusern zusammenhangende Waarenlager, doch nicht davon getrennte. Wegen Verhaftung der Eigenthümer, der freien Wohnungen und der Exemtionen gelten die bei der Fenstertaxe erwähnten Bestimmungen. Leer stehende Häuser zahlen nichts; die Anzeige, wann sie leer, und wann sie wieder besetzt werden, darf nicht unterbleiben. Arme sind nur dann frei, wenn sie ihren Zustand durch Gemeindeaufseher oder wenigstens fünf Hausväter beweisen. Landhäuser, die von Pächtern bewohnt werden, und das bloß zu wirthschaftlichem Gebrauch bestimmte Haus des Eigenthümers sind frei, wenn die jährliche Rente nicht über 10 l. angeschlagen werden kann. Die Beisitzer sind berechtigt und verpflichtet, die Größe der Rente auf jede nur mögliche Weise auszumitteln. Nachlässigkeiten und Uebergehungen werden mit 5 bis 20 l. bestraft. Wird Jemand im Laufe des Jahres unfähig, zu zahlen, so zeigt er es den Beisitzern an, welche dann dem Aufseher Nachricht davon geben. Findet dieser die Gründe unzureichend, so kann der Zahlungspflichtige an die Commissarien appelliren, welche in der Regel ohne weitere Rückfrage entscheiden, mindern oder erlassen.

4) Steuer von Hunden.

Von jedem Jagdhunde irgend einer Art werden jährlich : : : : 10 s.
von einem andern Hunde : : 6 —
gezahlt. Ausgenommen sind Hunde, welche Mitgliedern der königlichen Familie gehören; Hunde armer Personen, wenn es nicht Jagdhunde sind; Hunde, welche zu der Zeit, da die Steuer festgesetzt wurde, noch nicht sechs Monath alt waren. Mit 30 l. kann man ein Jahr die Erlaubniß erkaufen, so viele Hunde zu halten, als man will. Wer Hunde anschafft oder abschafft, muß es am gehörigen Orte anzeigen.

5) Steuer von Pferden.

Von einem Reit-, Kutsch-, oder Rennpferde wird gezahlt : :	2 l.	8 s.	
Von 2 Pferden, und zwar für jedes einzelne : : : : :	4 —	—	
Von 3 Pferden, und zwar für jedes einzelne : : : : :	4 —	8 —	

und so, indeß langsam, steigend z. B.:

Von 10 Pferden, für jedes	5 l.	5 s.
— 20 — —	5 —	8 —

Diese Steuer trifft Acker- und Zugpferde nicht, wenn sie auch gelegentlich, z. B. Sonntags, zum Reiten gebraucht werden; ferner nicht Pferde zu zweirädrigen Karren, auch nicht Pferde, welche ein Pachter hält, der nur bis 70 l. Pacht giebt, und sie hauptsächlich zu einer Wirthschaft gebraucht, von der er lebt. Von jedem Pferde, das nicht Reit-, Kutsch-, oder Rennpferd ist, desgleichen von einem Maulthiere, werden in der Regel 12 s. 6 d. gezahlt; der noch geringere Satz von 2 s. 6 d. tritt bei allen Pferden ein, welche Pächter halten, die jährlich nicht über 20 l. Pacht zahlen, von der Ackerwirthschaft leben, und überhaupt nicht mehr als 2 Stück besitzen. Ganz frei sind Fohlen, die noch nicht zur Arbeit gebraucht werden, königliche Pferde, desgleichen Pferde der Posthalter und Pferdehändler, weil diese andern Abgaben unterworfen sind; Pferde der Geistlichen, die nicht über 60 l. Einkünfte haben; Pferde der Volontäre und der regulären Cavalleristen, doch die ersten unter nähern Bestimmungen; ein Pferd für arme Personen, welche es selbst gebrauchen, wenn es nämlich nicht zum Vermiethen bestimmt ist.

6) Steuer von Pferdehändlern.

Jeder Pferdehändler zahlt jährlich für sein Gewerbe in und um London , 20 l.
in andern Theilen des Reiches , 10 —

7) Steuer vom Puder.

Wer sich pudert, zahlt jährlich 1 l. 1 s. Herrschaften zahlen für ihre Bedienten auf das ganze Jahr, wenn diese auch wechseln. — Wer mehrere unverheirathete Töchter hat, steuert nur für zwei; dann dürfen alle sich pudern. Frei von der Abgabe sind die königliche Familie und ihre Bedienten, Officiere, Volontäre, und Prediger, die unter 100 l. Einkünfte haben.

8) Steuer von Wagen.

Diese Steuer trifft zwei- und mehrrädrige Kutschen und Wagen jeder Art, die nicht zum Ackerbau oder Handel gebraucht werden (berlin, landau, chariot, calash, chaise marine, chaise sociable, caravan etc.).

Für einen zweirädrigen Wagen, mit Einem Pferde, werden jährlich entrichtet	5 l.	5 s.
Für einen zweirädrigen, mit 2 Pferden	7 —	7 —
Für jeden auf die Räder zu setzenden zweiten Kasten . . .	2 —	10 —
Für einen vierrädrigen Wagen .	10 —	—
Für zwei, von jedem . . .	11 —	—
und so für jeden Wagen, außer der Verdoppelung des Satzes, 1 l. mehr.		
Für jeden zweiten aufzusetzenden Kutschkasten	5 —	—

Zweirädrige einspännige Korbwagen und andre einfache Wagen, die nicht über 12 l. werth sind, zahlen jährlich nur 1 l. 9 s.; doch muß in diesem Falle der Name des Eigenthümers und — „taxirter Korbwagen" (cart) daran geschrieben stehen. Hat der Eigenthümer mehr als zwei Bedienten, so entrichtet er dessen ungeachtet die obige volle Steuer für zweirädrige Wagen.

Ueber die Miethskutschen in London finden sich besondere Bestimmungen; alle andern Miethskutschen zahlen, ungeachtet der Stempelgelder, auch diese Steuer unter näheren Modificationen.

Ausgenommen von der Steuer sind königliche Wagen, Kutschen die erst zum Verkauf verfertigt sind, alle Acker- und Lastwagen, wenn auch zufällig der Eigenthümer darin fährt. Kutschenmacher, und Die, welche in Auctionen Wagen verkaufen, zahlen jährlich als Gewerbsteuer 5 s.; ferner für jeden verkauften zweirädrigen Wagen 10 s.; für einen vierrädrigen 1 l. Hierüber muß Buch geführt werden. Jeder, der einen Wagen kauft, muß es anzeigen; Jeder, der einen Wagen (Kutsche) an einen neuen Wohnort mitbringt, muß beweisen, daß er die Abgabe erlegt hat.

9) Steuer von Wapen (for using or wearing any armorial bearing or ensign).

Wer an Wagen, Livreien, Geschirr, im Petschaft rc. ein Wapen gebraucht, in so fern es nicht von Amtswegen geschieht, zahlt jährlich:

1. wenn er auch wegen einer Kutsche besteuert ist, = =	2 l. 2 s.
2. wenn er nur zur Häuser- und Fenstertaxe verbunden ist, =	1 — 1 — —
3. wenn er auch davon frei ist,	— 10 — 6 d.

IV. Von der Einkommensteuer.

Diese Steuer heißt in dem officiellen Styl gewöhnlich Eigenthums- oder Vermögenssteuer (property-tax); bei den Schriftstellern aber Einkommensteuer (income-tax). Die letztere Benennung ist richtiger; denn die Steuer wird wirklich vom Einkommen gehoben, und ist nur in so fern eine Vermögenssteuer, als überhaupt jede Abgabe, nach Maßgabe der Einnahmen, mehr oder weniger Vermögenssteuer werden muß. Die außerordentlichen Bedürfnisse Großbrittaniens zur Führung des Krieges, waren bis zum Jahre 1798 fast ausschließlich durch Anleihen gedeckt, und durch neue Auflagen nur der Betrag der Zinsen aufgebracht worden. Allein das schnelle Anwachsen der Staatsschuld; die Gewißheit, daß auch das Fundirungs-System seine Grenzen habe, und die Gewißheit, daß die jetzige Generation zur Abwehrung der augenblicklichen Gefahr mehr thun könne, mehr zu leisten vermöge, brachten William Pitt dahin, von jenem, durch ihn erst zur größten Vollkommenheit gebrachten, System abzugehen und einen großen Theil der Bedürfnisse unmittelbar und vollständig aufzubringen, was ihm mit Unrecht als Inconsequenz ausgelegt wurde, da es als Beweis einer weit größeren Consequenz erscheint. Der Verkauf der Landtaxe, die bedeutende Erhöhung der fixirten Steuern, und die Einführung der Einkommensteuer waren drei überaus wichtige neue Maßregeln.

Die Einkommensteuer insbesondre hatte den doppelten Zweck, 1) einen Theil der außerordentlichen Abgaben, welche der Krieg veranlaßt, unmittelbar zu bestreiten; 2) den größeren Theil der während des Krieges zu contrahirenden neuen Schulden zu verzinsen, zugleich aber auch zu tilgen. Die Grundsätze für die Erhebung der Einkommensteuer haben in Großbrittanien gewechselt, und man ist von den Principien des ersten Planes späterhin zum Theil abgewichen. Dieser Plan ging dahin:

1) Kein Einkommen unter 60 l. im Jahre zu besteuern.

2) von 60 l. Einkommen ½ pro Cent zu nehmen, und mit der Steuer von 5 zu 5 l. verhältnißmäßig zu steigen, so daß z. B. 100 l. 2½ p. C. 150 l. 5 p. C. geben. Von jedem Einkommen über 200 l. wurden, ohne weitere Steigerung, 5 p. C. entrichtet.

Der zweite Plan wurde im Jahre 1803 entworfen, im Jahre 1806 aber nochmals in wichtigen Punkten modificirt. Danach ist

1) alles Einkommen unter 50 l. frei; das von Capitalien allein ausgenommen.

2) Die Steigerung wird in der Art berechnet, wie die anliegende Tabelle I. nachweiset: sie weicht bedeutend von der älteren Festsetzung ab, und ist eigentlich keine Steigerung, sondern eine Ermäßigung, so daß von jedem l., welches an 150 l. jährlichen Einkommens fehlt, 1 s. der Steuer abgezogen werden darf.

3) Jedes Einkommen über 150 l., woher es auch entstehe, wird mit 10 p. C. besteuert.

Die nähere Darstellung zerfällt in zwei Haupttheile:

A. Von der Ernennung und der Gewalt der

Commissarien und der andern hieher gehörigen Officianten;

B. Von den Grundsätzen zur Ausmittelung des Einkommens, den Befreiungen, Strafen, ꝛc.

Zu A. Sogleich nach der Publication des Britischen Einkommensteuer-Reglements mußten die Commissarien für die Erhebung der Landtaxe an dem Orte der gewöhnlichen General-Versammlungen oder Quartal-Sessionen zusammenkommen, und binnen einer bestimmten Frist, für jede Grafschaft, Stadt, oder andre Abtheilung, wo möglich in Uebereinstimmung mit den Districten für die Landtaxe, Commissarien für die Erhebung der Einkommensteuer erwählen. Diese Commissarien müssen ansäßig seyn und ein bedeutendes, indeß nach den verschiedenen Gegenden des Reiches verschiedenes, Vermögen besitzen: für London und die umliegende Gegend ist ein Capital von 5000 l., oder ein Einkommen von 200 l., erforderlich. In jedem Districte sollen nicht unter drei, und nicht über sieben Commissarien seyn; nur bei größeren Städten wird von der letzten Bestimmung eine Ausnahme gemacht: so sind z. B.

in London 10 Commissarien. Es wählen

der Mayor und die Aldermen von London	2
die Directoren der Bank - - -	2
die Directoren der Ostindischen Gesellschaft	1
— — der Südsee-Compagnie -	1
der Gouvernör und die Directoren der großen königlichen Versicherungs-Gesellschaft (royal exchange insurance-company)	1
der Gouvernör und die Directoren der Londoner Versicherungs-Gesellschaft (London insurance-company) - -	1
die Westindische Dock-Compagnie - -	1
die Londoner Dock-Compagnie - -	1
zusammen	10

Die Commissarien stehen ihrem Amte, in der Regel, ein Jahr vor; ist aber am Schlusse des Jahres die Hebung noch nicht vollendet, und sind sie bereit, das Geschäft fortzusetzen, so kann eine zweite Wahl unterbleiben.

In der Regel werden gleich Anfangs so viele Stellvertreter als Commissarien gewählt, um bei etwanigem Abgange der letztern einzurücken. In einem solchen Falle wird durch neue Wahl die Anzahl der Stellvertreter ergänzt; bei dringenden Fällen können sie selbst aus benachbarten Districten genommen werden, da die Qualification mehr entscheidet, als der Wohnort. Wenn bei der General-Zusammenkunft die Wahlen nicht in der gehörigen Frist erfolgt sind, so geschieht das Nöthige in den Districts-Versammlungen von den Commissarien für die Landtaxe. Nur wo die Zahl der an den letztern Theil nehmenden Personen zu gering ist, müssen General-Versammlungen gehalten werden. Haben die Commissarien für die Einkommensteuer sich nicht durch eigene Wahl für das nächste Jahr ersetzt, haben auch die Commissarien der Landtaxe von ihrem Rechte, dann einzuwirken, keinen Gebrauch gemacht, oder weigern sich die Erwählten, das Amt zu übernehmen: so erfolgt auf die Anzeige der Sherifs der Grafschaft, oder der ersten Magistratsperson der Stadt, die Ernennung von der höchsten Finanz-Behörde. In der Regel ist das platte Land in Absicht der Administration dieser Steuer nicht von den Städten geschieden;

nur für wenige der letztern finden sich getrennte Hebungs-Behörden. Ist aber in einer solchen Stadt nicht die hinreichende Zahl qualificirter Personen zu finden, so können diese vom platten Lande genommen werden. Sind die Geschäfte den Commissarien eines Districts zu weitläuftig, so dürfen sie durch Mehrheit der Stimmen Hülfs-Commissarien ernennen, welche nur halb so viel Vermögen nachzuweisen brauchen, als die Commissarien selbst. Sie erwählen ferner Beisitzer, Einnehmer, und für jeden District Einen oder zwei Schreiber; sie theilen, wenn es nöthig ist, sich und die Hülfs-Commissarien in Committeen für gewisse Abtheilungen der Districte; diese halten dann, mit Zuziehung eines Schreibers, besondre Versammlungen. In jeder Committee dürfen nicht unter drei und nicht über sieben Commissarien sitzen. Die Commissarien der nächsten Districte sind befugt, mitzuwirken, wenn die erforderliche Anzahl nicht herbeigeschafft werden kann. Die Einwirkung der von der Regierung gesetzten Aufseher und Ober-Einnehmer findet hier in der bei den fixirten

Taxen beschriebenen Art Statt. Die Vereidigung aller dieser Officianten versteht sich von selbst. Dem Ober-Einnehmer der Grafschafts-Casse ist es verstattet, für bedeutende Städte deputirte Cassen einzurichten; der Rendant der letztern erhält in diesem Falle vom l. . . $1\frac{1}{2}$ d.

Der Collectör oder Einnehmer . . 3 —

Der Schreiber vom l., welches aus seinem Districte eingeht, . . . $1\frac{1}{2}$ —

Die Ober-Einnehmer und Aufseher werden vom Staate besoldet; die Commissarien und Assessoren verrichten ihre Geschäfte, der Ehre halber, ohne Vergütung. Nur für die Anfertigung des ersten schwierigen Catasters erhielten die letztern 2 d. vom Pfunde.

Rechnet man also, daß jene Quoten der 6 d. oder $2\frac{1}{2}$ Procent, durch die erwähnten Besoldungen mit $\frac{1}{2}$ Procent erhöhet werden, so betragen die ganzen Hebungskosten 3 Procent. Das letzte $\frac{1}{2}$ Procent genügt aber vollkommen, weil erstens die $1\frac{1}{2}$ d. für den Rendanten der zweiten

Casse nur als Ausnahme eintreten, und die größten Besoldungen für jene Officianten, bei der geringen Zahl derselben und der starken Einnahme der Grafschafts-Cassen, darauf fundirt werden können.

Der zweite Abschnitt

B. über die Ausmittelung des Einkommens, die Abgabe selbst rc., erfällt in folgende Abtheilungen:

1) Von der Besteuerung der Grundeigenthümer, der Landrente.

2) Von der Besteuerung der Pächter und Benutzer.

3) Von der Besteuerung der Annuitäten und Dividenden aus öffentlichen Fonds.

4) Von der Besteuerung des Einkommens, welches durch Eigenthum und Gewerbe entsteht, und nicht unter andern Abtheilungen begriffen ist.

5) Von der Besteuerung der Besoldungen, Pensionen, Stipendien u. s. w.

6) Allgemeine Bestimmungen über Absetzung, Niederschlagung, Appellationen rc.

7) Ueber den Ort, wo die verschiedenen Objecte versteuert und zum Hebe-Register gebracht werden.

---

1. Von der Besteuerung der Grundeigenthümer, der Landrente.

Es werden gezahlt 10 Procent der Einnahmen von allen Grundstücken, Forsten, Bergwerken, Mühlen, Kanälen, Fähren, Brücken, Zehnten; und von allen Einnahmen, die durch Grundvermögen entstehen, in so fern sie nicht unter einer andern Abtheilung begriffen sind. — Ist die Rente, die Pacht u. s. w. wirklich feststehend, so wird diese jedes Mal als der sicherste Maßstab des Einkommens angenommen; fehlt eine solche bestimmte Summe, so wird in der Regel eine siebenjährige Fraktion der Berechnung zum Grunde gelegt — wenn anders so vieljährige Durchschnitte überhaupt genommen werden können. Bei Zehnten und Geldzahlungen für Zehnten kommt eine dreijährige Fraktion zur Anwenwendung, wenn nicht durch Vergleich eine Summe feststeht. Die Commissarien sind jedoch befugt, die Abgabe den Zehntgebern unmittelbar aufzulegen und diesen die weitere Auseinandersetzung zu überlassen. Die siebenjährige Fraktion bestimmt die Größe der Einnahmen von unbestimmten herrschaftlichen Grundhebungen; die dreijährige Fraktion die Einnahme von isolirten Frucht=, Gemüse= und Hopfen=Gärten; die fünfjährige Fraktion die Einnahmen von Kohlen=, Blei=, Zinn=, Kupfer=, und andern Gruben; das letztvergangene Jahr die Einnahmen von Stein=, Schiefer=, Kalkbrüchen u. s. w., von Fischereien, Canälen, Marktrechten, Chaussee= und Brücken=Einnahmen. Sind indeß solche Gruben rc. im Sinken, so wird nur auf die Einnahme des letzten Jahres Rücksicht genommen, überhaupt aber eine Herabsetzung vorbehalten. Die Steuer wird jährlich bestimmt, und vom Pachter und Inhaber bezahlt, im Fall der Eigenthümer nicht selbst wirthschaftet; nur wenn fremde Prinzen oder Minister Häuser inne haben, muß der Eigenthümer die Abgabe erlegen. Der Pachter ist berechtigt, die Steuer von der Pacht abzuziehen: den gleichen Abzug müssen sich die hypothekarischen und Pfandgläubiger auf ihren Antheil gefallen lassen. Die Abgabe von Wohnhäusern, deren Miethe jährlich nicht 10 l. beträgt, vom Lande, das nicht auf ein ganzes Jahr verpachtet ist, trägt der Eigenthümer, mit Vorbehalt seiner Rechte an den Inhaber. In der Regel wird der Steuerbeitrag für Gesellschaften und Societäten im Ganzen festgesetzt; doch findet eine Trennung Statt, wenn jemand die Größe seines Antheils vollständig nachweiset. Für Dienstwohnungen (mit Ausnahme der in königlichen Pallästen befindlichen) zahlt der Inhaber. Wo die obigen Bestimmungen zur Ausmittelung der Einnahmen vom Grundvermögen nicht hinreichen, verfahren die Commissarien nach bestem Wissen und Gewissen. Ruhen beständige Abgaben, Grundrenten, ein Lehns-Kanon, Zehnten, welche jährlich über 20 s. betragen, auf einem Grundstücke, so behält der Eigenthümer die darauf fallende Steuer inne, und berichtigt dieselbe an die Casse. Ist, anstatt der jährlichen Pacht, Ein- für allemal ein Kapital gegeben, so wird dies auf die Pachtjahre vertheilt, der Zins aber als Rente betrachtet und besteuert: ist der Termin der dafür gegebenen Verlängerung unbestimmt, z. B. auf Lebenszeit, so wird der Werth nach politisch-arithmetischen Tafeln, oder der sonstigen Wahrscheinlichkeit, ausgemittelt.

Von der zu besteuernden Rente darf abgezogen werden:

1) die Landtaxe, oder der Betrag derselben vor der Ablösung;

2) unter öffentlicher Autorität repartirte Abgaben für Trockenlegung und Eindeichung von Grundstücken;

3) Zehnten, Lehns-Kanon u. s. w. nach dem Betrage im Jahre vor der Besteuerung.

4) Fünf vom Hundert der jährlichen Rente an Baukosten für Häuser, die nicht unter der zweiten Abtheilung besonders erwähnt sind. Für zufällige kleine Reparaturen kann der Inhaber aber nur 2 Procent abziehn.

5) Gebühren an den Bischof für die jährliche Visitation und die Synoden, nach siebenjährigem Durchschnitt;

6) Kosten der Kirchenbaue nach 21jährigem Durchschnitt, oder sonstiger genauer Ausmittelung.

Ausgenommen von der Steuer sind:

a) die Gebäude, Gärten, Spielplätze u. s. w. der Universitäten, Hospitäler, öffentlichen Schulen; in so fern sie nicht von Officianten bewohnt werden, die über 50 l. Einkünfte haben.

b) Die Einnahmen derselben, so weit sie wirklich zu milden Zwecken verausgabt werden;

c) außerordentliche Einnahmen neben der Pacht, wenn sie sogleich productiv verwendet werden, und ihr Ertrag anderwärts erscheint und besteuert wird.

Allgemeine Vorschriften über die Abschätzung und Erhebung der Steuer vom Eigenthümer gelten auch für die

Zweite Abtheilung, welche von der Besteuerung der Pächter und Benutzer handelt.

Von allen Grundbesitzungen, Häusern rc. die in der ersten Abtheilung aufgeführt wurden, giebt der Pachter, Miether, Benutzer in England von 20 s. 1 s. 6 d., in Schottland dagegen 1 s. oder 5 Procent. Der Pachtgewinn vom Zehnten wird dem vierten Theile der reinen Rente gleichgeschätzt. Wohnhäuser, ohne dazu gehörigen Ackerbau oder Zehnten, ingleichen Wohn- und Waarenhäuser, welche allein zu Handel und Gewerbe gebraucht werden, sind frei von der Steuer. Die Abgabe wird auf ein ganzes Jahr festgesetzt, wenn auch die Benutzer wechseln; jeder ist für die Zeit seines Besitzstandes verhaftet.

Die **Beisitzer** fordern **Geständnisse** (returns) von den Eigenthümern und **Nießbrauchern**: jedes Geständniß enthält vollständige Nachweisung aller Besitzungen, aller Pachtungen, doch in solchen Unterabtheilungen, wie es die allgemeine Vorschrift erfordert, daß die Steuer da erhoben wird, wo sich das Grundvermögen befindet. Reicht dies in mehrere Communen oder Districte hinein, so wird es ganz dahin geschlagen, wo der Pachter oder Eigenthümer gewöhnlich wohnt. Einnahmen von Brücken, Chausseen u. s. w. werden in dem nächsten Orte, wo die Rechnung geführt wird, besteuert.

Besitzungen unter 10 l. jährlicher Einnahme können die Beisitzer ohne Geständnisse dafür erklären; doch findet auf ergangene Protestation nähere Untersuchung Statt. Die Rente darf nicht geringer als zur letzten Armensteuer angegeben werden, wenn diese nämlich nach Procenten der Einnahmen bestimmt worden ist. Wo Taxen zum Behuf der Armensteuer fehlen, oder die Zweige, woraus das Einkommen entsteht, dort nicht gehörig gesondert waren, da sollen die Commissarien durch Abschätzungen, Einsicht der Contracte, Rechnungen, durch Vergleichung mit den Nachbarn, kurz auf alle nur denkbare Weise, zur Wahrheit zu gelangen suchen. Bei der geringsten Vermuthung, daß die vorgelegten Contracte nicht alle Bedingungen, Zahlungen, u. s. w. enthalten, oder wo Reservationen Statt finden, ist den Beisitzern die genaueste Prüfung zur Pflicht gemacht. Hierbei werden alle Leistungen, welche der Pachter neben der eigentlichen Pachtzahlung übernommen hat, der Rente zugesetzt; Natural-Leistungen werden, nach den Preisen zur Zeit der Ablieferung, zu Gelde berechnet. Eine Abschätzung zur Festsetzung der Steuer darf die Rente nicht übersteigen; sie darf aber auch nie unter der wirklich bezogenen Rente bleiben. Jede falsche Angabe zieht die doppelte Steuer und 20 l. Strafe nach sich; vorsätzlicher Betrug wird auf das strengste geahndet. Die Beisitzer verfertigen die Hebe-Register, welche jährlich revidirt werden, in der Regel aber für zwei Jahre gelten; ausgenommen, wenn sich zu geringe oder zu hohe Besteuerung ergeben hat, wenn falsche Abzüge Statt gefunden haben, oder ganz neue Glieder eingetreten sind. Mit dem dritten Jahre wird jedes Mal ein neues Hebe-Register ausgearbeitet. Die Commissarien und die Aufseher erhalten die Hebe-Register zur Prüfung. Diese letztern theilen ihre Ausstellungen schriftlich den erstern mit; das Recht herabzusetzen und zu erhöhen steht jenen zu. Will sich jemand bei der eingetretenen Erhöhung nicht beruhigen, und ist der Termin zur Anhörung der Appellationen noch nicht angesetzt, so überreicht er eine, unter Aufsicht der Commissarien angefertigte, Nachweisung seines

Einkommens dem Aufseher. Findet sie dieser genügend, so sendet er sie den Commissarien zurück, um die Heruntersetzung zu bewirken; findet er sie nicht genügend, so bleibt es bei der Erhöhung bis zur förmlichen Appellation. Die Commissarien entscheiden in diesem Falle, und bei jeder Beschwerde gegen Feststellungen, die von Einzelnen unter ihnen herrühren, in der dazu angesetzten Versammlung in letzter Instanz. Es steht ihnen frei, die Ausmittelung des Einkommens durch unpartheiische Männer (referees, Schiedsrichter) vornehmen zu lassen. Bringt der Appellant keinen vollständigen Beweis, so schätzen ihn die Commissarien nach eigener Untersuchung, oder nach den Resultaten jener Obmänner. Findet sich, daß der Appellant ursprünglich zu gering angesetzt war, so trägt er nicht allein die Erhöhung, sondern auch die doppelte Steuer. Endlich, wenn die Commissarien urtheilen, daß er nicht bona fide zu Werke gegangen sey, trägt er auch die Untersuchungskosten; sind diese dagegen der Meinung, daß er unschuldig ist, so stellt sie der Einnehmer dem Ober-Einnehmer, mit

Beifügung der Beläge, in Ausgabe. Hat der Aufseher die Erhöhung pflichtwidrig angesetzt, so zahlt er der prägravirten Parthei 50 l. als Strafe.

Sind die Hebe-Register vollständig berichtigt, so erhält sie der Einnehmer zur vierteljährlichen Einziehung. Die Execution wegen Rückstände findet Statt gegen jegliches Gut, nicht bloß gegen den eigentlich besteuerten Gegenstand; insbesondere selbst bei Ländereien, die nicht benutzt werden, gegen alle andern Objecte: nur für leerstehende Häuser wird die Steuer heruntergesetzt. Den Commissarien müssen; auf Verlangen, die Register der Armensteuer und alle anderen öffentlichen Register vorgelegt werden; den Weigernden trifft eine Strafe von 5 bis 20 l.. Die Communen haften, nach Verhältniß der Steuer ihrer einzelnen Glieder, für die Collectoren und für die richtig repartirte Abgabe überhaupt; doch hemmt diese solidarische Verbindlichkeit nicht das executivische Verfahren gegen den eigentlichen Schuldner.

3) Von der Besteuerung der Annuitäten und Dividenden aus öffentlichen Fonds.

Von dem Einkommen aus Annuitäten oder Dividenden, die ein Einzelner oder eine Corporation, oder irgend eine Gesellschaft bezieht, zahlt der Empfänger, oder dessen Stellvertreter, Vormund u. s. w., 10 Procent. — Der Staat hält sich an den Vormund, den Stellvertreter, wenn der Eigenthümer nicht in Brittanien ist; die Corporationen sind verpflichtet, ihren Vorstehern wegen der daher rührenden Abzüge keine Schwierigkeiten zu machen.

Ausgenommen von der Steuer sind:

1) das Einkommen der Gesellschaften von hülfsbedürftigen Personen zu gegenseitiger Unterstützung (friendly societies);
2) milde Stiftungen;
3) Capitale und Dividenden zur Abtragung der Nationalschuld;
4) Einnahmen (stocks and dividends), die in den Büchern der Bank für Rechnung der Schatzkammer stehen;

5) Annuitäten und Dividenden, welche Fremden gehören, die weder in Brittanien, noch Brittische Unterthanen sind;

6) hieher gehörige Einnahmen, welche dem Könige selbst oder fremden Ministern gehören.

Geht solches Einkommen an einen nicht zur Exemtion Berechtigten über, so muß darüber Anzeige gemacht werden, und die Steuer tritt ein.

Jeder Einzelne und alle Gesellschaften, welche Annuitäten und Dividenden zahlen, geben den Commissarien hierüber eine genaue Nachweisung; die Steuer wird dann abgezogen und zur Haupt-Casse berechnet; den Empfängern aber nur der Ueberrest gezahlt, welche indeß doch über die volle Summe quittiren müssen. Betragen Annuitäten und Dividenden halbjährlich nicht 20 s., so werden sie nicht hier, sondern unter der vierten Abtheilung, als ein Einkommen von ungewisser Größe und Werth ausgemittelt, nachgewiesen und besteuert.

Jeder Einzelne und jede Corporation, welche solche Einkünfte bezieht, sie mag besteuert werden oder ein Recht auf Befreiung haben, muß zur bestimmten Zeit den Commissarien eine Nachweisung einreichen, worin die Größe der Hebung, die Zahlungsart, der Empfänger u. s. w. genau bestimmt sind. Scheint die Angabe den Commissarien ungenügend, so erforschen sie oder die Hülfs-Commissarien die Wahrheit; sie bestimmen die Steuer, und gegen die Festsetzung Einzelner ist bloß die Appellation an die Versammlung der Commissarien nachgelassen. Wer es versäumt, die Geständnisse einzusenden, wird auf gleiche Weise, unter Verstattung der Appellation, abgeschätzt. Die Geständnisse werden gesammelt und dann von den Commissarien der obern Behörde übersendet. Hat Jemand, ungeachtet eines Prozesses oder anderer Ungewißheit über die Berechtigung zu einer Einnahme, für voll bezahlt, so kann er nachher, wenn das Einkommen einem Andern zugesprochen ward, Rückzahlung verlangen.

4. Von der Besteuerung des Einkommens, welches durch Eigenthum und Gewerbe

entsteht, und nicht unter andern Abtheilungen begriffen ist.

Das Einkommen von jedem Eigenthum, Handel, Gewerbe, Beschäftigung, Beruf, welches nicht unter andern Abtheilungen begriffen ist, wird nach den Vorschriften dieses Abschnitts ausgemittelt und mit 10 Procent besteuert. Die Abgabe wird erhoben, wenn der Empfänger in Großbrittanien wohnt oder Brittischer Unterthan ist, der Handel, das Eigenthum mag in Brittanien seyn, oder nicht; sie wird erhoben, wenn der Handel, das Gewerbe u. s. w. in Brittanien ist, der Empfänger mag sich aufhalten, wo er will.

Der Gewinn vom Handel und von Manufacturen wird nach genauem dreijährigen Durchschnitt besteuert, geschlossen mit dem letzten Tage des völlig abgelaufenen Jahres. Alle Societäten werden, wenn anders die Theilnehmer ihre Antheile nicht genau nachweisen, ungetrennt abgeschätzt.

Von dem Einkommen dürfen abgezogen werden:

1) Die Ausgabe zum Ersatz des stehenden Capitals und der Utensilien nach dreijährigem Durch-

schnitt; desgleichen Kosten zur Erhaltung der Handels-Societät selbst und der Handlungsdiener. Auf außerordentliche Ausgaben in einzelnen Jahren wird keine Rücksicht genommen.

a) Die Zinsen an Fremde, welche nicht in Brittanien oder Brittischen Besitzungen wohnen.

Es werden nicht abgezogen:

a) die jährlichen Interessen von angeliehenen Kapitalien, Annuitäten, oder andere ähnliche Ausgaben, die aus dem unter diesem Titel begriffenen Einkommen zu bestreiten sind;

b) nichts für eingetretenen außerordentlichen Verlust, oder weil ein Kapital aus dem Handel gezogen worden ist;

c) nichts für ausstehende Reste, es müßte denn vollständig bewiesen werden, daß sie nie beizutreiben sind;

d) nichts für ein Kapital, welches erst zur Erweiterung und Verbesserung des Gewerbes verwendet worden ist;

e) nichts für das Wohnhaus, wenn es nicht unmittelbar zum Gewerbe gebraucht wird;

f) nichts für Privat-Ausgaben zur Nahrung, Kleidung u. s. w..

Land, welches man zum Behuf der Gewerbe benutzt, wird besonders geschätzt und besteuert.

Das Einkommen von Gewerben und Professionen wird nach dem letztverflossenen Jahre bestimmt. Wenn das Geschäft auch nicht ein ganzes Jahr gedauert hat, so kommen doch alle davon her rührende Einnahmen zum Ansatz. Mehrere Gewerbe, welche Jemand an Einem Orte betreibt, sollen gemeinsam besteuert werden; fanden mehrere Ansätze (assessments) an verschiedenen Orten Statt, so ist es erlaubt, den Verlust bei einem Gewerbe von dem Gewinne beim zweiten abzuziehen.

Nach einjähriger voller Hebung wird ferner besteuert:

1) Einkommen von unbestimmter Größe, dessen nicht in der ersten Abtheilung erwähnt ist.

Dahin gehören Einnahmen vom Discont, Zinshebungen für geringe Zeiträume, Diäten — Einnahmen der Vieh- und Mehlhändler, wo es

klar

klar ist, daß die bloße Besteuerung nach dem Grundvermögen der Größe des Gewerbes nicht angemessen wäre. Ueber das Ansetzen der Einnahmen von Bergwerken u. s. w., deren Ausbeute geringer wird, ist schon oben geredet worden.

2) Einkommen von hypothekarischen Schulden in Brittischen Besitzungen außerhalb Brittaniens.

Einkommen dieser Art in Geld oder Geldeswerth aus nicht-Brittischen Besitzungen kommt nur nach dreijährigem Durchschnitt zur Berechnung. Leibrenten werden auf den gewöhnlichen Zinsfuß reducirt. Die Commissarien sind verpflichtet, jedes Einkommen, welches, ob es gleich nicht ausdrücklich benannt ist, doch hieher gehört, — wenn die Fraktionen unmöglich oder unsicher sind — durch eigne Bemühungen auf jede nur denkbare Weise auszumitteln.

Temporäre Entfernungen aus dem Lande werden nicht berücksichtigt, temporäre Anwesenheit bis sechs Monath nicht besteuert; wenn aber nachher Ansiedelung erfolgt, so kommen jene

Monathe mit zur Berechnung, in so fern sie in das neue Hebungsjahr fallen. Wenn Fremde im Laufe des Hebungsjahres ankommen, sich entfernen, wiederkommen und sich ansiedeln, so wird für die Zeit der Entfernung nichts zu Gute gerechnet. Für Hebungen vom Grundvermögen sind auch Fremde steuerpflichtig. In den Geständnissen müssen alle Arten von Handel und Gewerbe geschieden seyn, damit sich nicht allein ergebe, was zu dieser Abtheilung gehöre, sondern auch, wo es zu besteuern sey. Der Behörde jedes Ortes, wohin auch nur ein Theil der Steuer fällt, muß ein vollständiges Bekenntniß, der Controlle halber, vorgelegt und zugleich nachgewiesen werden, auf welche Weise die Berechnung angelegt ist. Wenn Personen, die an mehreren Orten wohnen, an dem in Einem Orte betriebenen Gewerbe Theil haben, so wird dies nur an der letztern Stelle, ohne Rücksicht auf den persönlichen Aufenthalt, besteuert. Die Entfernung von dem Orte, wohin Jemand die nach dieser Abtheilung aufgelegten Steuern zu zahlen verbunden ist, hebt die Verbindlichkeit, nach jenem Orte zu zahlen, für das Etats-Jahr nicht auf. Alle Vorsteher von Gesellschaften, Vormünder u. s. w. müssen jährlich den Namen und den Wohnort der Theilnehmer, Pupillen u. s. w. anzeigen und jede andre verlangte Auskunft ohne Zögerung ertheilen; sie zahlen, und berechnen sich dann mit der Gesellschaft, dem Pupillen rc. Der Gewinn solcher Gesellschaften kommt, ohne Rücksicht auf gesetzliche Dividenden und Ansprüche anderer öffentlichen Corporationen, aber nach Abzug des Gehalts der Officianten, zur Berechnung. Es ist bei Societäts-Handlungen freigelassen, insgesammt oder nach einzelnen Theilen zu zahlen; doch muß im letzten Falle der Theilnehmer in Großbrittanien wohnen. Alle Dividenden der Bank, Ostindischen Compagnie und Südsee-Compagnie, werden in London besteuert und erhoben, vom Berechtigten aber, ungeachtet jener Abzüge, für voll quittirt.

Von allen Annuitäten, jährlichen Interessen für hypothekarische und andre Schulden oder Renten, die in Bezug auf ein Gewerbe Statt finden, zieht der Schuldner dem Gläubiger

10 Procent ab, und berichtigt unmittelbar die Steuer. Das Recht dieses unmittelbaren Abzuges darf nicht durch Contracte aufgehoben werden, weil dadurch die Sicherheit der Einhebung vermindert würde. Gesellschaftsgewinn von Canälen, Wegen, Werften ꝛc. wird ungetrennt an dem Orte besteuert, wo die Rechnung geführt wird. Diese Bestimmungen zeigen, daß die zwei zuletzt erwähnten Einnahmen von Dividenden und Annuitäten nicht zur dritten, die von Canälen u. s. w. nicht zur ersten Abtheilung gerechnet werden.

Gegen das Ende des alten Steuerjahres fordern die Assessoren, nach Vorschrift der Commissarien, durch öffentliche Anschläge an den Kirchthüren, Rathhäusern oder andern öffentlichen Gebäuden, zur Einreichung der Bekenntnisse binnen 21 Tagen, auf. Wer einen solchen Anschlag beschädigt oder abreißt, zahlt 5 bis 20 l. Strafe. Außerdem muß jedem Hauseigenthümer, ja jedem Miethsmann, eine specielle schriftliche oder gedruckte Aufforderung insinuirt werden. Auf Verzögerung und Verweigerung der Angaben steht eine Strafe bis 50 l.; wer aber nachweiset, daß es ihm unmöglich ist, den Termin einzuhalten, dem wird eine Frist bewilligt. Die Beisitzer übergeben bei der ersten Zusammenkunft die Listen den Commissarien, beschwören die generelle und specielle Bekanntmachung, und daß sie von der Richtigkeit der Angaben, für ihre Personen, überzeugt sind. Die Schreiber fertigen aus den Listen Hebe-Register für jeden Ort, nach dem Alphabet. Ueber das Recht der Aufseher zur Abänderung, der Rücksprache mit den Commissarien und den Appellationen an die Versammlung der Letzteren gelten die schon oben angeführten Grundsätze. Die Hebe-Register erhält, außer dem Einnehmer und Obereinnehmer, auch die obere Finanz-Behörde. Eine Ermäßigung der für diese Abtheilung festgesetzten Steuer findet Statt, wenn ein vollständiger Beweis geführt wird, daß die Einnahme im Jahre geringer ausgefallen ist, als die Schätzung sie festsetzte; desgleichen, wenn Jemand Bankerott macht oder stirbt und das Gewerbe eingeht.

Wollen Personen, welche Gewerbe und Handel treiben, den Umfang und den inneren Betrieb desselben den Beisitzern und Commissarien nicht vorlegen, so übergeben sie diesen bloß eine Nachweisung, welche den Namen, den Aufenthalt und die Gewerbszweige im Allgemeinen enthält; sie schlagen wenigstens zwei Personen zu Abschätzern vor, denen sie alle Quellen ihrer Einnahme genau vorzulegen bereit sind, und deren Aussprüche sie sich zu unterwerfen verpflichten. Die Commissarien prüfen in der nächsten Zusammenkunft, ob die Abschätzer (referees) redliche, sachkundige, durch Verwandtschaft, Geld- oder andre Geschäfte nicht interessirte, Personen sind. Nur durch Mehrheit der Stimmen kann ein solcher Antrag bewilligt werden. Den Commissarien steht es frei, die Abschätzer wiederholt zu verwerfen, ohne dafür irgend einen Grund anzugeben. Sie können auch den Partheien Abschätzer vorschlagen; nur sollen diese weder dasselbe Gewerbe treiben, noch Officianten für die Einkommensteuer seyn: der Parthei aber steht es frei, auch Commissarien zu diesem Geschäft zu erwählen.

Die Abschätzer sollen innerhalb des commissarischen Districts, oder wenigstens nicht 10 Englische Meilen weit von der Gränze entfernt wohnen: sie sind verpflichtet, die gesetzten Fristen einzuhalten, welche nie länger als auf sechs Wochen bewilligt werden; sie werden vereidet, die Ausmittelungen aufs gewissenhafteste vorzunehmen. Können sich zwei Abschätzer nicht einigen, so wird ihnen der dritte zugesellt; und dann ist die Angabe zweier von denselben verbindend. Will sich die Parthei bei dem übereinstimmenden Ausspruch zweier Abschätzer nicht beruhigen, so erfolgt die Besteuerung auf dem gewöhnlichen Wege. Es ist erlaubt, die durch Abschätzer festgesetzte Steuer unmittelbar zur Bank abzuliefern, ohne daß die Commissarien den Betrag erfahren; doch muß dann der übereinstimmende Ausspruch dreier Abschätzer vorhergehn. Können aber diese das Geld nicht beitreiben und abliefern, so muß den Commissarien der Betrag eröffnet und auf die gewöhnliche Art verfahren werden.

Will Jemand auf die erwähnte Weise die Abgabe zur Bank berichtigen, so ertheilt der

Schreiber des Commissarius dem Abschätzer einen Schein, wodurch der Cassirer der Bank autorisirt wird, das Geld anzunehmen: in diesem Schein ist der Tag und die Nummer der Abschätzung bemerkt, und die sonst vorgeschriebene Form beobachtet. Der Cassirer stellt, nach Empfang des Geldes, zwei Certificate aus, unter demselben Buchstaben, Nummer u. s. w.: das eine für den Commissarius, bloß des Inhalts, daß auf die und die Nummer der Abschätzung von dem und dem Tage die gehörige Summe zur Bank abgeliefert sey; der Commissarius trägt bloß in sein Buch ein: laut Hauptschein von dem Tage, der Nr., sey die durch Abschätzer festgesetzte Abgabe richtig zur Bank bezahlt. Das zweite Certificat des Cassirers ist die auf die bestimmte Summe lautende Quittung für den Zahlungspflichtigen. Die Abschätzer erhalten, auf Anweisung der Commissarien, vom Obereinnehmer Gebühren ausgezahlt, doch nicht über 3 d. vom Pfunde der entrichteten Steuer: ist diese nicht deklarirt, dann erhalten sie eine Vergütung nach Gutdünken der Commissarien, mit Rücksicht auf die persönlichen Eigenschaften der Abschätzer. Wünschen die Zahlungspflichtigen, bei den Special-Cassen zu zahlen, aber nicht bekannt zu werden, so giebt der Commissarius dem Einnehmer bloß eine Liste, welche zu bestimmten Nummern bestimmte Summen der Abgabe nachweiset: Der Zahlungspflichtige präsentirt einen Steuerzettel, welcher gleichfalls nur eine Nummer und eine Summe enthält, und berichtigt darauf unerkannt die Abgabe.

5) Von der Besteuerung des Einkommens aus Besoldungen, Pensionen, Stipendien u. s. w.

Von jedem öffentlichen Amte, Gehalte, Pension, Stipendium aus königlichen oder öffentlichen Cassen, also vom Gehalte u. s. w. aller Militär- und Civil-Bedienten, aller Geistlichen und Schulbedienten werden 10 pro Cent entrichtet, von der Einnahme jedoch abgezogen, was für einen zum Dienst nothwendigen Gehülfen, Vicarius, Schreiber rc. gezahlt werden muß. Von der Steuer geht ab: der Betrag öffentlicher, schon auf diese Einnahmen gelegter,

Steuern, der Betrag der Stempel- und ähnlicher Abgaben, welche schon vor Empfang des Gehalts u. s. w. decourtirt werden. Die Schätzung lautet auf das ganze Jahr; für Rückstände haften die Erben, für den Rest des Jahres der Nachfolger. In der Regel wird der Betrag der Abgabe von den Cassen bei der Auszahlung gleich inne behalten. Gebühren und Emolumente kommen, je nachdem es rathsamer scheint, entweder nach dem Betrage des letztvergangenen Jahres, oder nach dreijährigem Durchschnitte, zur Berechnung. Es werden jährlich aus jeder Civil- oder Militär-Behörde drei bis sieben Commissarien zur Festsetzung der Steuer gewählt; sind in einem allzu kleinen Collegium nicht drei dazu taugliche Personen vorhanden, so ernennt sie die oberste Finanz-Behörde. Diese Commissarien brauchen nicht das sonst erforderliche Vermögen zu besitzen; sie ernennen indessen Beisitzer, Einnehmer, und verfahren, wie gewöhnlich. In den Städten übernimmt der Magistrat das Erforderliche in Absicht der nicht aus königlichen, sondern aus andern öffentlichen Cassen fließenden Gehalte. Werden die zur Ernennung gesetzten Fristen nicht inne gehalten, so besorgen die Commissarien für das Grundvermögen auch die Hebungen dieser Abtheilung. Wegen der einzeln auf dem platten Lande wohnenden Salaristen u. s. w. liegt ihnen ohnehin dies Geschäft ob. Die Steuer vom ganzen Gehalte wird in der Regel da catastrirt, wo der Sitz der Haupt-Behörde ist, wenn auch Nebenämter und Commissionen von Jemand besorgt werden.

6) Allgemeine Bestimmungen über Abschätzungen, Niederschlagungen, Appellationen u. s. w.

Die Communen sind verpflichtet, die nach der 1sten, 2ten und 3ten Abtheilung auf sie gelegten Steuern herbeizuschaffen, und sie müssen Ausfälle übertragen, wenn gegen die Angemessenheit der Repartition, und die bewilligten Remissionen nichts zu erinnern ist. Auch die Collegien tragen Ausfälle, die bei der 5ten Abtheilung durch etwaniges Versehen oder Nachlässigkeit entstehen. Wer wenigstens zwei Steuer-Quartale vorausbezahlt, erhält 5 pro Cent Disconto; alle Zahlungen, mit Ausnahme der in der 3ten Abtheilung begriffenen, erfolgen viertel-, diese aber halbjährlich: Zieht Jemand an einen andern Ort hin, so muß er nachweisen, wo und wie er bereits besteuert worden ist. — Brüche unter 1 d. werden nie angesetzt.

Nach dem ältern Englischen Einkommensteuer-Reglement konnte Jeder, der mehr als zwei eheliche unversorgte Kinder hatte, für jedes Kind bei einem Einkommen von

60 — 400 l. (excl.) von der Steuer abziehen		4	Procent
400 — 1000 —	- - -	3	—
1000 — 5000 —	- - -	2	—
über 5000 —	- - -	1	—

Diese Bestimmung ist aber in dem neuern Gesetze ganz aufgehoben und dagegen vorgeschrieben, daß jeder Handarbeiter, Künstler und Manufacturist, welcher nachweiset, daß er in keiner Woche des letztvergangenen Jahres über 30 s. eingenommen, und nicht über 5 l. jährlichen Einkommens aus einer andren Quelle bezogen hat, von der Abgabe gänzlich befreiet bleiben soll. Wer aus diesem

Grunde, oder weil sein Einkommen unter 50 l. beträgt, die Absetzung der Steuer verlangt, muß dafür vollständigen Beweis führen durch das Zeugniß von fünf Hauswirthen und dem Prediger seines Wohnortes, oder von fünf Hauswirthen und zwei Kirchenvorstehern, oder, wenn nicht fünf Hauswirthe im Orte sind, von den vorhandenen und dem Kirchenältesten des nächsten Ortes. — Kein Privilegium, kein Patent, keine Gnadenbezeigung befreiet von der Zahlungspflichtigkeit.

Jede Streitigkeit zwischen Pachter und Verpachter, Gläubiger und Schuldner u. s. w. schlichten zwei Commissarien für die Einkommensteuer in letzter Instanz; sie müssen sich aber des Spruches enthalten, wo sie selbst interessirt sind. Die Hülfs-Commissarien schätzen die Commissarien ab, und umgekehrt.

Der Appellant muß zehn Tage vor dem gesetzten Termin die Beisitzer schriftlich von seiner Beschwerde unterrichten. Der Aufseher kann das Verfahren gegen den Appellanten suspendiren;

allein die letzte Entscheidung stehet immer den Commissarien zu.

7) Ueber den Ort, wo die verschiedenen Objecte besteuert und zum Heberegister gebracht werden.

Die Bestimmungen über diese Frage sind größten Theils schon zerstreuet angegeben; doch scheint folgende Zusammenstellung nicht überflüßig:

1) Alles Grundvermögen wird besteuert, wo es liegt: der Pachter, am Orte der Pachtung; hat er mehrere Pachtungen, dann an verschiedenen Orten.

2) Jeder Capitalist, Zehntnehmer u. s. w. wird, wenn seine Forderungen auf ein Grundstück eingetragen sind oder darauf ruhen, nicht besonders besteuert, sondern der Eigenthümer oder Pachter für die ganze Einnahme angezogen, ihm aber das Recht zu verhältnißmäßigen Abzügen zugebilligt. Zu diesen Abzügen bedarf er nicht allein keiner Autorisation, sondern jeder Contract ist ungültig, welcher jene Berech-

tigung aufheben sollte. Nur Abzüge bei der vierten Abtheilung, wo leichter Zweifel und Mißverständnisse entstehen könnten, werden erst durch Atteste der Commissarien begründet.

3) Von Manufacturen und Fabrikanstalten wird da gesteuert, wo die Waare verfertigt, nicht wo sie verkauft wird;

4) Handel und Gewerbe da, wo sie betrieben werden; doch ist es erlaubt, den Verlust bei dem Einen mit dem Gewinne bei dem andern auszugleichen, wenn die Schätzung und Zahlung zu mehreren Orten gehörte.

5) Anderes Einkommen wird am Wohnorte des Empfängers besteuert; hatte er keinen bestimmten Wohnsitz, dann da, wo er sich zur Zeit der vorschriftsmäßigen Ablieferung der Geständnisse aufhielt, ohne Rücksicht auf nachheriges Wegziehen. Hat Jemand zwei Wohnorte, so wird er da besteuert, wo er sich zur Zeit der Ausschreiben gewöhnlich aufhält.

6) Einnahmen von Gütern außerhalb Englands, von Brittischen Colonieen u. s. w. werden in

London, Bristol, Liverpool und Glasgow, oder in derjenigen dieser vier Städte besteuert, welche dem Eingangsorte oder dem Wohnorte des Empfängers am nächsten liegt.

Um eine vollständige Uebersicht des Englischen Besteuerungswesens zu erhalten, müßte nun auch von der wichtigen Armensteuer gesprochen werden: dieser Gegenstand ist aber zu weitläuftig, und wird besser einer besondern Abhandlung vorbehalten; dagegen füge ich noch einige Nachrichten bei über die

Kreissteuer (county-rate).

Durch diese Kreissteuer werden, anstatt vieler ehemaligen einzelnen Hebungen und Ausschreiben, die Kosten aufgebracht zu Brücken, Wegebesserungen, zum Bau und zur Erhaltung von Gefängnissen, Armen- und Besserungshäusern, die dahin gehörigen Salarien, die Kosten zur Erhaltung der Gefangenen und Gerichtsdie-

ner,

ner, zum Aufgreifen und Transportiren von Landstreichern, zum Ersatz der Feuer- und Wasserschäden, zur Bezahlung des militärischen Vorspanns über die gesetzliche Vergütung u. s. w. — Die Friedensrichter bestimmen bei ihren Quartal-Sitzungen den Betrag, und repartiren ihn nach billigen Grundsätzen auf die Communen: dann wird das Quantum durch den Ober-Constabel eingefordert, durch den Armen-Vorsteher erhoben. Die Friedensrichter sind nicht verpflichtet, nach den Grundsätzen der Armensteuer zu repartiren, sondern im Gegentheil angewiesen, den ersten Maßstab zu befolgen, den sie auffinden können. Wo kein Armenaufseher ist, hebt der Unter-Constabel die Kreissteuer. Der Kreis-Einnehmer empfängt das Geld, und zahlt, nach Anweisung der Friedensrichter, nicht allein zu allen genannten bestimmten Zwecken, sondern auch zu jedem außerordentlichen Behuf, wenn dadurch das Beste der Grafschaft befördert wird. Die Friedensrichter nehmen in ihren Versammlungen die Rechnungen ab. Beschwerden über Prägravationen gehen an diese Versammlungen;

doch ist es erlaubt, in der ersten Woche, nachdem die Frist zu den Appellationen verflossen und noch kein anderer Termin angesetzt ist, durch schriftliche Verhandlungen und Beweis die einstweilige Suspension des Verfahrens zu bewirken. Der Appellant muß aber 100 l. Caution stellen, daß er die Appellation fortführen und, im Falle der Verurtheilung, die Kosten zahlen werde.

Prüfung
des
Brittischen Steuer-Systems,
und
Vergleichung desselben mit den Einrichtungen in der Preussischen Monarchie.

Zweiter Abschnitt.

Prüfung des Brittischen Steuer-Systems, und Vergleichung desselben mit den Einrichtungen in der Preussischen Monarchie.

Ich werde in diesem Abschnitt das Englische Steuer-System an und für sich prüfen, es mit den bestehenden Einrichtungen in der Preussischen Monarchie zusammenstellen, und endlich aus jenen Resultaten zu entwickeln suchen, welche Grundsätze bei den hier bevorstehenden neuen Einrichtungen, insbesondere bei Einführung der Einkommensteuer, zu befolgen seyn möchten. Man traue mir indeß nicht die Anmaßung zu, das für erschöpfend zu halten, was nur Andeutung seyn kann und soll; man folgere aus der bestimmten Darlegung einer Meinung nicht eigenliebige Geringschätzung fremder Einsichten.

Zuvörderst ein Wort an die Theoretiker, welche — in der Ueberzeugung, daß alles Einkommen des Staates von dem Einkommen der gesammten Nation genommen werden müsse, und zwar auf eine einfache Weise geradezu — das verwickelte System des Englischen Steuerwesens schlechterdings verwerfen. Die erste Hälfte des Satzes ist allerdings wahr, — keineswegs aber die letzte; und selbst jene enthält die geheime Reservation einer Lehre von Production und Einkommen überhaupt, welche, nebst der Doctrin von der Einen einfachen Grundsteuer, wissenschaftlich wohl endlich einmal genug beleuchtet ist. Ich wiederhole keineswegs diese theoretischen Gründe, kann aber zwei praktische Bemerkungen nicht unterdrücken:

1. Das Einkommen entstehe bloß vom Ackerbau, oder auch von Manufacturen, oder woher man sonst will; so ist es doch eine Täuschung, zu hoffen, man werde von dem, welcher das Einkommen bezieht, stets mit Sicherheit große Summen heben

können; denn in dem Augenblick, wo die Steuer eingefordert wird, ist sehr oft die Einnahme längst verausgabt; und nun geht für den Praktiker die Noth an, von der sich der Theoretiker nichts träumen läßt.

2. Die Quellen alles Einkommens, welche bei Betrachtung der unzählig mannichfaltigen Arten von Thätigkeit auch unzählig zu seyn scheinen, die Ausgaben, für welche ein nicht minder zahlreiches Verzeichniß möglich ist, reduciren sich, bei wissenschaftlicher Prüfung, allerdings auf wenige Hauptzweige: so wie überhaupt dem menschlichen Wissen und Thun nur das Einfache als Wurzel zum Grunde liegt. — Aber wer sich einbildet, er erkenne und beherrsche alle Zweige, Blätter, Blüthen, Früchte in ihrer zahllosen Mannichfaltigkeit, wenn er nur den Stamm beharrlich umklammere, ist in einem großen Irrthum. — Nicht am Stamme saugen die Bienen, sondern an den Blüthen; und indem sie jeder nur die überflüßige Süßigkeit nehmen, befördern sie die Vollkommenheit und die Befruchtung. Auch von den Blättern und von der Rinde näh-

ren sich Insecten; nur der Stamm, der Quell alles Lebens, soll unversehrt bleiben, damit das Leben nicht untergehe. — So denken jene Staatsmänner nicht. Erfreuet über die große Entdekkung, daß durch den Stamm alles zu den Zweigen, Blättern und Früchten gelangt, beginnen sie die große Operation, bohren den Stamm an, und zapfen die Kraft ab, welche erst beleben sollte. Doch, es ist noch ein Unterschied vorhanden: der Baum stehet still, und empfängt ruhig den Tod. — Aber die Menschen müßten ihre innerste Natur verläugnen, wenn sie sich gegen den ungeschickten Arzt nicht empörten, der ihnen ganze Zweige ihrer Thätigkeit erdrückt und ablöset, um den andern vorgeblich freien Spielraum zu verschaffen. Dies sei für's erste genug; bei der Landtaxe und Einkommensteuer ein Mehreres.

Die hohe Vortrefflichkeit der Brittischen Einrichtung, wonach die Repräsentanten der Nation die Abgaben bewilligten und noch bewilligen, ist leichter gepriesen, als nachgeahmt. In dem Maße, wie es den Deutschen Fürsten gelang, die Stände zu unterdrücken, minderte sich bei diesen die Geschicklichkeit das Wohl des Landes zu vertreten; nur dem Adel blieb gewöhnlich hier und da das Recht einzuwirken, oder doch einzureden. Kein einzelner Stand — das beweiset die gesammte Geschichte — kann aber das Wohl aller übrigen tüchtig besorgen, und indem er, ganz der Natur gemäß, vorzugsweise an sich denkt, gräbt er den Abgrund, der auch ihn verschlingen muß. Daher ist es unter allem Nöthigen das Nöthigste, alle Stände zu gewöhnen, ihr wahres — nicht ihr getrenntes, eingebildetes — Interesse einsehen und vertreten zu lernen, und dann eine Repräsentation zu gründen, wobei es weniger auf mathematische und geographische Gleichheit, als vielmehr darauf ankommt, durch jede nur denkbare Weise zu befördern, daß der verständige und rechtschaffne Mann zur Einwirkung gelange. Nur sey man der Wahrheit eingedenk, daß jede ständische Verfassung in dem Maße ausartete, wie sie sich mit Administration und Execution befaßte. Deshalb haben selbst die freimüthigsten Repräsentanten des freiesten Volkes in Europa stets die Anträge verworfen, welche darauf abzweckten, der repräsentativen Versammlung Einmischung in die Administration zu verschaffen. Auf gleiche Weise muß ein gesetzgebendes Corps von dem richtenden gesondert seyn, ob es gleich möglich ist, daß ein Mitglied des ersten auch zum zweiten gehöre. Ständische administrirende Versammlungen sind nicht einmal in rein aristokratischen Verfassungen zu rechtfertigen; in monarchischen Staaten können sie ohne inneren Widerspruch weder bestehen, noch heilsam und ohne Störung einwirken.

Von den Domainen.

In Absicht der Domainen ist von den Britten nur zu lernen, daß man keine haben muß. Diese Ueberzeugung ist auch bei uns kräftig ausgesprochen worden; groß erscheint aber die Schwierigkeit, wie man sie rasch und ohne Verlust in die Hände von Privatpersonen bringen könne. Den Verkauf verhinderte in finanzieller Hinsicht:

1. Der Umstand, daß die baare Valuta, welche den Werth eines so großen Grundvermögens, getrennt von demselben, dargestellt hätte, nicht

vorhanden ist. Um für 12 Millionen Domainen zu kaufen, müßte ein zweiter Werth von 12 Millionen, in Summa 24 Millionen, da seyn; und dies ist keinesweges der Fall. Der bloße Entschluß zu verkaufen, konnte das Kapital zum Kaufen nicht erzeugen.

2. Dennoch hätte mit den vorhandenen Staatspapieren ein großer Umschlag gemacht werden können; die Erscheinung aber, daß sie an ihrem Nennwerthe verloren, war zu neu, und die Hoffnung die volle Summe zu erhalten, zu groß, als daß Viele sich entschlossen hätten, mit den Papieren, wie mit andern Waaren, nach dem Marktpreise Geschäfte zu schließen.

Die Vererbpachtung mit der Bedingung der Ablösung des Kanons wird allmählich zu demselben Zwecke führen. Den etwa zu zahlenden, gegen die Zeitpacht höheren, Ertrag — durch Uebernahme der Baukosten rc. — wird der Erbpächter leicht tragen können, da ihm der Besitz gesichert, ein Credit begründet, und die Möglichkeit größerer Verbesserungen gegeben ist. Um indeß diese heilsame Umwandelung nicht zu sehr in die Länge zu ziehen, würde ich — keinesweges die noch fortlaufenden Zeitpacht-Contracte umstoßen, sie aber dadurch auflösen, daß dem Beamten, unter billigen Bedingungen, Ein oder mehrere Vorwerke, gegen Rückgabe der andern, in Erbpacht überlassen würden. Verständige und redliche Prüfung wird leicht ergeben, ob der Staat nicht zu sehr verliert, wenn für jene Vorwerke keine Licitation Statt findet; für diese dürften sich, meinen Erfahrungen nach, leicht Licitanten finden. So liesse sich binnen kurzer Frist eine Operation vollenden, für die wir auf entgegengesetztem Wege kaum das Ende absehen; und die an sich gegründete Einwendung, daß das langsame Verfahren größere Einnahme gewähre, wird dadurch mehr als hinreichend widerlegt, daß die Einziehung vieler Staatspapiere, und die Ersparniß hoher Zinsen, ingleichen bedeutender Administrations-Kosten, beim allgemein durchgreifenden Verfahren, jenen Ausfall mehr als bloß decken. Damit wird sich fast allgemein die Aufhebung der Dienste, des Mahl- und des Bierzwanges ohne weitere Entschädigung und ohne weitere

Berechnung verbinden lassen. Jenes Abwarten des Ablaufs der Zeitpacht-Contrakte hat außerdem zwei höchst nachtheilige Folgen:

1. es bringt eine große Menge achtbarer Familien in eine peinliche Ungewißheit über ihr künftiges Schicksal;
2. es verleitet zur Vernachlässigung aller Cultur, zum Aussaugen und Verschlechtern der Grundstücke, welche man länger zu benutzen nicht hoffen kann; es macht jede kostspielige, erst allmählich sich lohnende, Melioration ganz unmöglich.

Die Regalien.

Auch die Lehre von den Regalien fehlt — eine schöne Erscheinung! — fast ganz in den Britischen Gesetzen. Die dortigen Erfahrungen über zu gutes Münzen, und die hiesigen über zu schlechtes Ausprägen, sind lehrreiche Beispiele zu unzweifelhaften Grundsätzen. — Die Englische Classen-Lotterie hat so hohe Einsätze, daß sie auf die geringeren Stände nicht schädlich einwirkt; Zahlen- und Privat-Lotterieen finden sich nicht. Wir müssen aus den jetzt von der Preussischen Regierung aufgestellten Grundsätzen folgern, daß sie die hiesige heillose Zahlen-Lotterie, so wie die auf andere Weise leichter zu administrirenden und leichter zu besteuernden Regalien, ganz aufheben wird; denn dieselben Gründe, welche gegen die Domainen anzuführen sind, sprechen auch gegen die meisten Regalien: nur etwa das Bergwerks-Regal möchte — bei der geschickten Verwaltung und der Unzulänglichkeit der Privatcapitale und der Privatindustrie — nicht ohne Schaden für die Sache selbst wegfallen können.

Post.

In Großbrittanien und Frankreich ist nur die Briefpost eine unmittelbare Anstalt des Staats, und die Erfahrung lehrt in beiden Reichen, daß Privatpersonen dort die fahrenden Posten zu bequemerer, wohlfeilerer und schnellerer Fortschaffung organisirt haben, als bei uns der Staat. Diese Erscheinung ist nicht auffallend: sie ist so natürlich, als die Gewißheit, daß Privatpersonen Grundvermögen, Gewerbe ꝛc. überhaupt besser verwalten und nutzen, als der Staat. Eine plötzliche Aufhebung der fahrenden Post würde indeß manche nachtheiligen Folgen haben; man muß nur durch Erleichterung des Privat-Fuhrwesens allmählich dazu vorbereiten.

Es ist ein falscher, in benachbarten Staaten zum Extrem getriebener Grundsatz: man könne die Taxe der Briefpost so lange erhöhen, als es nur noch vortheilhafter sey, den Brief auf die Post zu geben, als einen Boten zu schicken. Diese Behauptung ist der gleich: man müsse die Zölle so lange erhöhen, als nur die Fuhrleute nicht um das Land herum fahren. Wenn man doch bedächte, daß dann oft gar nicht geschrieben und gefahren wird; daß in finanzieller Arithmetik 2 mal 2 nicht 4, sondern oft nur 2 ist. Anstatt die Mittel der Gemeinschaft und des Verkehrs auf alle Weise zu erleichtern, damit durch sie etwas erzeugt werde, das erst Einkommen und dann Steuer giebt — belästigt man sie, als wären sie selbst schon die zu brechende Frucht; man wünscht die freieste, manichfaltigste Thätigkeit, und hemmt die wirkenden, bewegenden Glieder. Es ist erfreulich, daß die höchsten Behörden in der den Regierungen ertheilten Instruction dieselben Grundsätze geäußert haben.

Stempel.

Bei Vergleichung der Englischen und Preussischen Stempelgesetze zeigt sich, daß jene mehr Gegenstände unter sich begreifen und — das erlaubt der Reichthum der Nation — höhere Preise bestimmen, als diese. Doch finden wir unter den Englischen Stempeln keine Trauscheine für Juden, keine Musikzettel, und keine Paraphenstempel. Von der Unvollkommenheit aller Gesetze für die Juden, also auch des Stempelgesetzes, kann hier nicht umständlich gesprochen werden. — Nimmt man auch an, daß es Personen, welche Lust zu tanzen haben, wohl nicht an Gelde zur Lösung eines Musikzettels fehlen werde, so ist doch kein Bann- und Zunftrecht verdrießlicher (und dessen ungeachtet leichter aufzuheben), als das Recht, Tanzlustige durch schlechte Musik zu quälen. Kommt dann zu den Zwangsgeigen noch das Zwangsbier, so ist der Jammer vollkommen; — und doch wundert man sich, daß das Volk nicht fröhlich und vergnügt ist! Man nehme den Musikstempel, lasse aber die musiciren, welche es verstehen. Die obersten Behörden sind ernstlich beschäftiget, diesen Uebelständen aus früherer Zeit abzuhelfen.

An die Stelle der Paraphengelder treten in England Einmal die in genauerem Verhältniß zu der Größe des Gewerbes bei den fixirten Taxen erwähnten Licenzen, dann aber auch andre Stempel, welche das Preussische Reglement nicht kennt: z. B. von Wechseln, Quittungen, Assignationen, Uebertragungen von Kapitalien u. s. w.. Der Englische Handel und die Gewerbe haben, ungeachtet dieser Abgaben, die größte Höhe erreicht; vielleicht könnten auch die unsrigen etwas der Art tragen, jedoch unter großen Ermäßigungen, welche die Verhältnisse vorschreiben.

Der Stempel von den edeln Metallen beträgt

in England

für jede Brutto-Unze verarbeitetes Gold 16 s. —

— Silber 1 — 3 p.

im Preussischen

für jedes Karat fein Gold 3 Thlr. Cour. als erste Besteuerung, und 2 Thlr. als bleibende.

für jedes Loth fein Silber 6 gr. Cour. als erste Besteuerung, und 4 gr. als bleibende.

Jener ist also noch höher, als diese, und zwar bei der ersten Besteuerung ungefähr um $9\frac{1}{2}$ pr. Ct., und bei der bleibenden um . . $12\frac{2}{3}$ pr. Ct.

Die leichte und wohlfeile Erhebungsart wird die Stempel mit Recht immer sehr empfehlen; eine umständliche Arbeit wäre es aber, nachzuweisen, wohin die Abgabe eigentlich in den so sehr verschiedenen Fällen trifft. Der Augenblick der Erhebung ist (wenigstens in der Regel) günstig, und die Einnahme sicher; denn die Uebertragung eines Eigenthums oder einer Erbschaft, eine Wechselausstellung, eine Quittung 2c. setzt voraus, daß etwas von Werth, daß Geld da ist, wovon genommen werden kann. Eine bessere Fassung wäre dem Preussischen Reglement vom 17ten Sept. 1802, und der dazu gehörigen Anweisung zum Gebrauche, sehr zu wünschen: es strebt den Englischen Gesetzen an Länge nach, ohne deren Vollständigkeit und Bestimmtheit zu erreichen.

Von den Zöllen und der Accise.

Durch seine insularische Lage hat Großbritanien für die Zolleinrichtungen so bedeutende

Vortheile, daß man sie nur erkennen, nicht nachahmen kann. Doch zeigt uns die für viele (obgleich nicht die bedeutendsten) Gegenstände eintretende gleiche Besteuerung nach Einer Hauptregel, wo auch bei uns wohl eine große Vereinfachung möglich seyn möchte. Eine solche Vereinfachung ist durch die heilsame Aufhebung der Land-Binnenzölle angefangen; es bleibt aber etwas gleichWichtiges noch zu thun übrig:

a. die Aufhebung der Wasser-Binnenzölle;

b. eine neue Bestimmung der Grundsätze für die Erhebung und die Administration überhaupt.

Zu a. Die Fortdauer der Wasser-Binnenzölle hat, wie die Tabelle II. zeigt, die Folge, daß die Waaren in dem Maße theurer werden, als man sie entfernter von der Grenze consumirt. Hierin liegt eine Begünstigung eines Theils von den Unterthanen vor dem andern, welche weder in finanzieller, noch in politischer Hinsicht zu rechtfertigen ist; denn — warum soll der Einwohner von Lenzen nur 8 gr. 8 pf. für das Oxhoft Rum entrichten, der Einwohner von Potsdam aber 1 Rthlr. 8 gr. 8 pf., und der Einwohner von Berlin 1 Rthlr. 11 gr. 8 pf.? Nur die darunter begriffenen Schleusengelder sind nicht zu umgehen. Der Wunsch nach baldiger Besserung erhöhet sich, wenn man bedenkt, welche unnütze Zögerung, welche Unbequemlichkeiten es verursacht, zwischen Lenzen und Berlin elf verschiedene Male Zoll entrichten zu müssen.

Zu b. Gleiche Uebelstände fanden sonst bei den Land-Binnenzöllen Statt. Der Krieg unterbrach aber die vollständige Verbesserung; denn nur der Zoll des Grenzzollamts blieb ohne Erhöhung oder Erniedrigung, wodurch nach Aufhebung der übrigen Landzölle, beim Bestehen der Wasser-Binnenzölle, weder der Tarif an sich richtig, noch das Verhältniß der Besteuerung für den Land- und Wasser-Transport tauglich gestellt war. Die durchaus veränderte Ausdehnung und Lage der Monarchie erfordert große Reformen in der Zoll- und Accise-Verfassung, in der Besteuerung und den Verboten der fremden Producte und Fabrikate. Es möchte gut seyn, hier nur Eine Abgabe — man nenne sie Zoll oder Accise — an die Stelle beider treten zu lassen; die Sache hat aber große Schwierigkeiten. Bei der Neigung zum Defraudiren, und bei der offenen Grenze würde vom platten Lande nichts einkommen, wenn man die Grenzzölle abschaffen und die Erhebung der Abgaben nur in den Städten eintreten liesse. Wählte man den umgekehrten Weg, so gäbe man sich ganz in die Hände der Grenzzoll-Officianten, wahrscheinlich mit gleich-großem Verluste. — Es wird daher beides, schon um der Controlle willen, vielleicht auf folgende Weise verbunden werden können:

1. man erhebe an den Grenzen einen mäßigen Zoll nach dem Gewicht, und bestimme die großen Frachtstraßen, auf welchen der Eingang kleinem wechselseitigen Verkehr unbeschadet) allein frei bleibt. — Was gegen die Besteuerung nach dem Gewichte gesagt werden kann, ist bekannt; allein das Uebel wird dadurch ausgeglichen, daß

a. nun die so aufhaltende, den Waaren oft so nachtheilige, Oeffnung der Tonnen, Collis u. s. w. wegfällt;

b. daß die Abgabe als mäßig vorausgesetzt, und durch den Accisetarif das gehörige Verhältniß unter den Waaren hergestellt wird. — Eine

— zum großen Theil in Preussen festgesetzte — Besteuerung nach gleichen Procenten nähert sich dieser Vereinfachung; nur ist die Wahrheit der Angabe des Werths, ohne Oeffnung und Taxation, gar nicht zu controlliren.

2. In den Zollregistern wird Tag der Ankunft, Ort der Bestimmung u. s. w. angegeben; die Accisebücher controlliren jene Zollregister auf das genaueste: es kann kein Object verschwinden, oder unversteuert bleiben. Der Einwand, „daß die bloß nach dem Gewichte bezeichneten Waaren unterweges ausgetauscht werden könnten," ist nur scheinbar erheblich; denn, abgesehen von der Schwierigkeit, dies auf Schiffen und großen Landstraßen zu thun, liegt die größere darin, das gleiche Gewicht bei andern Waaren zu treffen und doch Gestalt und Größe nicht so zu ändern, daß, selbst bei nur allgemeiner Erwähnung der letztern, ein Betrug nicht offenbar würde. Das beigefügte Schema III. zeigt, wie die Hebungsbücher in einigen Provinzen zu diesem Zwecke rubricirt sind.

3. Ich enthalte mich um so mehr zu wiederholen, was im Allgemeinen gegen die Accise

und alle indirecten Abgaben gesagt worden ist, weil unten, bei Gelegenheit der Landtaxe, darüber noch Einiges erwähnt werden muß. Hier beschränke ich mich auf die Zusammenstellung der Brittischen und der hiesigen Einrichtungen. Jene scheinen, in Absicht der Controllen und der steten Aufsicht über die Gewerbe, noch schwieriger, als diese; so daß man kaum begreift, wie ohne sehr große Administrations-Kosten und eine unendliche Zahl von Officianten die gesetzlichen Bestimmungen zur Ausführung kommen können. Personen die sich an Ort und Stelle genauer unterrichtet haben, versichern indeß das Gegentheil; und mir scheinen zwei Umstände diese Behauptung zu unterstützen:

1. Die den Officianten fast allgemein ertheilte Erlaubniß, mit dem Gewerbtreibenden, nach gehöriger Prüfung, einen Vergleich über eine bestimmte Summe zu treffen;
2. der bessere, zu Unterschleifen weniger geneigte Sinn des für öffentliche Angelegenheiten lebendigern, reichern, sich selbst besteuernden Volkes.

Dagegen fallen auch mehrere Vorzüge des Brittischen Accise-Systems sogleich in die Augen; ich erwähne nicht mehr als vier, welche aber von großer Wichtigkeit sind:

1. es erstreckt sich nur auf eine geringe Zahl von Gegenständen;
2. es trifft nicht die ersten Lebensbedürfnisse, Brot, Fleisch und Holz;
3. es weiß schlechterdings von keinem Unterschiede zwischen Stadt und plattem Lande;
4. die Hebungs- und Berechnungs-Methode ist einfach.

Freilich kann man nicht an Einem Orte und geradezu nehmen; aber von so unzähligen Gegenständen, wie im Preussischen, Accise erheben, und doch zuletzt so wenig erheben, mit Aufopferung von Zeit und Kraft, erscheint als ein Uebelstand, welchen abzuändern man bereits ernstlich bemühet ist. Damit wird dann, den neuen Verhältnissen des Staates und der echten Staatswissenschaft gemäß, das sogenannte Fabriken-System zu Boden stürzen, aus welchem man ohne irgend einen zureichenden Grund, bisweilen Preussens frühere Größe abgeleitet hat.

Ich bin weit entfernt, zu glauben, daß Englands Fabriken-Ueberlegenheit davon herrühre, daß Brot und Fleisch keine Accise geben, und das Tagelohn deshalb wohlfeiler geblieben sey: wenigstens stimmt dies durchaus nicht mit der gesetzlichen Bestimmung, daß kein Arbeiter zur Einkommensteuer beitragen solle, der wöchentlich nicht über 10 s. einnehme. Danach müßten wir, troß unserer Brot- und Fleisch-Accise, wenigstens um zwei Drittel wohlfeiler fabriciren können, als die Engländer. Ich glaube ferner nicht, daß eine Erhöhung dieser Consumtions-Steuern unsre Fabriken verderben werde; allein es ist unbedenklich, daß sie an sich den Aermern weit härter treffen, als den Reichen, und daß daher stets auf verhältnißmäßige Ausgleichung zu denken ist.

Der dritte Vorzug des Brittischen Accise-Systems ist der wichtigste. Das Edict vom 9. October 1807 muß, bei consequenter verständiger Auslegung und Befolgung, die Hindernisse heben, welche der Vertheilung, Zusammenlegung, Benutzung des Grundeigenthums auf eine gemeinschädliche Weise entgegenstanden: so lange aber der Bann nicht aufgehoben wird, welcher zwischen Stadt und Land besteht, ist das Gute, das dringend Nöthige, kaum zur Hälfte gethan. — Wenn Jeder, nach Neigung, Geschicklichkeit und Vermögen, Grundeigenthum erwerben darf, so muß ihm aus gleichen Gründen auch verstattet seyn, sich jedem Gewerbe zu widmen, damit kein örtliches oder zeitliches Monopol für den Trägen und Ungeschickten bleibe. — So wie der Landbauer kein ausschließliches Recht hat, den Preis des Grundvermögens zu bestimmen, sondern der Städter mit seinem Capital und seinen Talenten darauf wirkt: so muß auch dieser nicht verlangen, die Concurrenz der andern Classe auszuschließen. Man spricht von Aufhebung der Zünfte in den Städten, bei fortdauernder Bannung der Gewerbe in ihre Mauern. — Freilich ist es immer löblich, das Gute wenigstens anzufangen; allein die Hindernisse, mehr zu thun, sind doch vielleicht nicht unübersteiglich. Der

Gegenstand ist zu wichtig, zu umfassend, als daß ich wähnen sollte, ihn ausführen zu können; indeß wage ich es, einige Grundlinien zu zeichnen.

1. Durch die Entwickelung der gesammten Zeit ist es dahin gekommen, daß der Edelmann, der Bürger, der unterthänige Bauer das nicht mehr sind und bleiben können, was sie waren. Ausschließliche Rechte auf Güterbesitz, auf Steuerfreiheit, auf Handel, auf Gewerbe, auf Sicherung des Daseyns und der Zahlungsfähigkeit durch fremde Unterstützung, müssen gleichzeitig niederfallen. Versuche, das Eine ohne das Andre zu erhalten oder neu zu bilden, können nur Auflösung des natürlichen Gleichgewichts und einseitige Wirkungen erzeugen.

Welche Folgen die Gleichheit der Rechte auf jede Thätigkeit, welche Folgen die Gleichheit der Besteuerung hat, zeigt, in einer bewunderns würdigen Größe, Großbrittanien. Hätten die großen Gutsbesitzer die Steuerfreiheit, die Städte den Gewerbezwang, die Bauern das Recht auf vormundschaftliche Abhängigkeit verlangt und behauptet, oder wäre es den letztern aufgedrun gen worden: so würde schwerlich Brittanien der ganzen übrigen cultivirten Welt in Gewerben, Thätigkeit jeder Art, bürgerlicher Größe, Freiheit des Sinnes und der Verfassung die Wage gehalten haben. Wir können kein Brittanien werden; uns sind die Zügel der Welt nicht anvertrauet: aber wenn wir unterliessen, auch das Kleinere zu thun, was wir können und sollen: wie dürften wir verlangen, über Größeres gesetzt zu werden!

2. Unser Abgabe-System ist das größte Hinderniß gegen die Aufhebung des Gewerbebanns; und eben dadurch beweiset sich die Nothwendigkeit, jenes in sich unvollkommne zugleich umzugestalten. Man reducire die Zahl der accisbaren Gegenstände; man hebe die zweckwidrigen Natural-Lieferungen von dem Producenten der verlangten Objecte auf, und lasse jeden Unterthan nach Verhältniß dadurch beitragen, daß die Kosten aus den indirecten Steuern genommen werden; man führe auf dem platten Lande eine allgemeine, leicht zu controllirende, Tranksteuer ein, erlaube dagegen den freien Betrieb

aller Gewerbe, und gleiche das sich ergebende Mißverhältniß zu den Städten, durch Hebung der Licenzen nach Verhältniß des Gewerbes, oder durch eine fixe Accise, aus. Bei der inneren Gewißheit, daß die Sache ausführbar und heilsam ist, müssen specielle Fragen über die Größe solcher Fixationen und über diese und jene Folge zwar erwogen werden; sie können aber den Hauptplan nicht umstoßen. Wenn nur erst das Gebäude in seinen Haupttheilen aufgeführt ist! — ob man die einzelnen kleinen inneren Einrichtungen so oder anders zu treffen habe: das kann nur die Erfahrung lehren. Würde man es rathsam finden, nicht zu säen, weil manches unvorhergesehene Ereigniß die Ernte verringern kann? — und sind manche hieher gehörige Einwendungen nicht jener Besorgniß gleich zu achten?

In Großbrittanien sind die vielfachen Zettelgelder, Uebertrags-Accise, Gold-, Silber- und Agio-Berechnungen u. s. w. völlig unbekannt. Welcher praktische Accise-Officiant denkt nicht mit Seufzen an diese und ähnliche Dinge!

und welcher wünscht nicht baldige, leichte Vereinfachung!

Jetzt noch Einiges zur Vergleichung der Brittischen Besteuerung einzelner Gegenstände mit der Besteuerung im Preussischen. Ich bin außer Stande, diese Vergleichung so vollkommen zu machen, als ich wünsche, und muß mich beschränken, vorläufige Data dazu an die Hand zu geben. So fehlen mir gleich

1. beim Bier, Nachrichten, wie viel Malz zum Barrel der verschiedenen Sorten Bier genommen, und wie viel davon gezogen wird; ja, auch die Geldpreise sollten genauer als oben bestimmt seyn. In Brittanien muß die Abgabe vom Bier, vom Malz, vom Hopfen und von den Licenzen summirt werden, um zu wissen, wie hoch zuletzt das Fabrikat wirklich besteuert ist: dies verursacht sehr verwickelte Rechnungen.

In der Churmark nimmt man an, daß von 1 Scheffel Weizenmalz eine Tonne Bier, und von $1\frac{1}{2}$ Scheffel Gerstenmalz auch eine Tonne Bier gezogen werde. Die Abgabe wird vom Scheffel Weizenmalz mit 18 gr. und vom Scheffel Gerstenmalz mit 12 gr. erhoben und folgendermaßen verrechnet:

Neue Ziese zur landschaftlichen Casse	3 gr.
Ziese zur Städte-Casse	3 — 6 pf.
Zur Accise-Casse	11 — 6
Summa	18 gr. —

Auf gleiche Weise vertheilen sich die 12 gr. zu 2 gr., 2 gr. 4 pf. und 7 gr. 8 pf.

Bei der Fassung des Bieres ist ein Accise-Officiant zugegen: ergiebt sich dann ein höheres Bier-Quantum, so soll dies sogenannte plus-Bier mit 18 gr. für die Tonne besteuert werden. Wird Bier aus einer Stadt in die andere gesendet, so giebt es für die Tonne, zur großen Hemmung des inneren Verkehrs, einen Nachschuß von 9 gr.

	Thlr.	gr.
Die Tonne Bier von Amtsbrauereien zahlt	1	3
von andern Landbrauereien	1	21
Bier aus dem Auslande	4	—
und außerdem jedes Mal die Tonne an		
Einlaßgeld	—	6
und an Uebertrags-Accise vom Thaler	—	3

Duchstein giebt an Douceurgeldern (lächerlichen Ursprungs!), ferner außerordentlich, für die Tonne . . . Thlr. 4 gr.

Fruchtwein zahlt, nach dem Preussischen Tarif, vom Eimer . . . . . — 6 —

Mumme vom Eimer . . . . . . 4 — —

inländisches Malz desgleichen . . . — 18 —

ausländisches . . . . 1 3 —

Jene Abgaben von der inländischen Fabrikation erschöpfen aber eben so wenig wie der einzelne Brittische Tarif-Satz die Last, welche zuletzt wirklich auf dem Fabrikate ruhet; die Beilage IV weiset nach, welche andre Hebungen hier noch mit zur Berechnung gezogen werden müssen. Aus den sämmtlichen hier und oben erwähnten Angaben ergiebt sich, ob sie gleich unvollständig sind, daß die Besteuerung in England bedeutend höher ist, als bei uns.

2. Von Gegenständen die in Auctionen verkauft werden, wird in Preussen selbst nur in dem einzigen Falle etwas erhoben, daß sie vom Auslande oder dem platten Lande zur Versteigerung

in die Stadt kommen. Der Thaler giebt dann

Consumtions-Accise	6 gr. 6 pf.
Handlungs-Accise	2 — 3 —
In Summa Preussisch	8 gr. 9 pf.

In der Churmark werden nur die von auswärts eingehenden, und die vom platten Lande neu eingehenden, Objecte nach den gewöhnlichen Tarif-Sätzen versteuert.

3. Der ausländische Gold- und Silberdrath zahlt 15 gr. vom Thaler Werth; die inländische Fabrikation ist nicht besonders besteuert.

4. Rum, Arrak ohne Unterschied der Stärke, desgleichen fremde Likőre, geben vom Eimer zu 64 Quart, mit Einschluß der Uebertrags-Accise,

in der Churmark	25 Thlr.
in Memel, Königsberg und Elbing	7 —
in den übrigen Theilen von Preussen	14 —

Die Verschiedenheit dieser Sätze wird hoffentlich bald nach Gründen ausgeglichen werden.

Bedenkt man, daß in England die geringste Abgabe vom Rum vor dem Kriege für das Gallon zu $3\frac{3}{10}$ Berl. Quart 2 Thlr. 7 gr. 4 pf. betrug, und jetzt zwischen 3 Thlr. 10 gr. und 5

Thlr. 10 gr. beträgt: so ergiebt sich, daß die höchste Preussische Steuer, selbst mit Hinzurechnung des Zolls, der Brittischen niedrigsten noch nicht gleich kommt. Zum Branntweinbrennen im Lande zahlt der

Scheffel Weizen	. . . . .	21 gr.	— pf.	
— Roggen	. . . . .	16 —	4 —	
— Gerste	. . . . .	14 —	— —	

mit Ausschluß des Uebertrags von 3 gr. für den Thaler. Hierbei wird angenommen, daß von

1 Scheffel Weizen	. . . . . .	18 Quart
— — Roggen	. . . . .	14 —
— — Gerste	. . . . . .	12 —

Branntwein zu 3 Grad Stärke gezogen werden. Der Destillatör wird nicht besonders besteuert. Die Anlage IV. zeigt wiederum, welche andere Abgaben noch außerdem dies Gewerbe treffen; die Vergleichung mit Großbrittanien ergiebt, besonders wegen der hohen Malztaxe, dort eine weit höhere Besteuerung, als bei uns. Bei der Ausfuhr zahlt der inländische Branntwein hier nur sehr geringe Zollabgaben; wegen der Bonification des aus den Städten nach dem Auslande zu verkaufenden Branntweins sind die Verhandlungen noch nicht beendigt. Die Verschiedenheiten der Accisetarifs in den verschiedenen Provinzen der Preussischen Monarchie werden, leider! noch durch Ergänzungs-Accise ausgeglichen. Selbst die Churmark hat jetzt zwei Tarifs: einen Churmärkischen und einen Magdeburgischen.

5. Glas wird bei uns nach dem Fabrikat, mit 6 pf. vom Thaler Werth, nicht nach den Materialien, besteuert; diese Methode ist bequemer, und wahrscheinlich wird auch in England oft Fixation der Abgabe in der Praxis eintreten.

6. Der Hopfen, dessen Ausfuhr wahrscheinlich, nach den höhern Orts allgemein aufgestellten Grundsätzen, nächstens erlaubt werden wird, zahlt an Accise-Gefällen für den Scheffel 3 gr.. Die umständlichen Brittischen Vorschriften kommen hier nicht zur Anwendung.

7. Der Zoll, welchen Kaffee, Thee u. s. w. im Preussischen entrichten, ist bei der unvollendeten Organisation der Landzölle und dem Bestehen der Wasser-Binnenzölle, wie das oben Gesagte und die Beilage II. beweiset, nicht genau

anzugeben, sondern je mehr Zollstätten die Waare berührt, desto theurer wird sie.

Die Accise-Gefälle betragen:

vom Pfund Cacaobohnen	. .	2 gr.
— — Kaffee	. . . .	2 —
dazu der, dem Ursprunge nach unglückliche, der Erhebung nach beschwerliche, Banco-Impost mit.	. . . . .	2 pf.
vom Pfunde Thee	. . . .	10 gr.
— — Chocolade	. .	4 —

Wenn diese Waaren in den Packhöfen bleiben, so zahlen sie ein Niederlagegeld nach der Dauer der Zeit, welches überall verschieden, indeß sehr unbedeutend ist.

Beim Kaffee werden 3 pr. Ct. Rabatt bewilligt. Die Vergleichung mit den Brittischen Abgaben beweiset, daß diese ohne Vergleich höher sind, als die Preussischen.

8. Die Einfuhr des fremden loh- und knoppergaren Leders ist verboten; nur aus Frankreich und dem Königreiche Westphalen wird es, gegen eine Abgabe von 8 pr. Ct., eingelassen.

Vom Paar Englischer Stiefelschäfte werden

12 gr. gezahlt; vom Centner Englischen Sohl- oder Butzleders . . . . . . 2 Thlr. gr.

Vom Centner eingeführten sämischen Büffel- oder Rindsleders	1 —	10
vom Stück Hirsch- und Elennsleder . .		2
— — Dannhirsch- und Rennthierleder		$1\frac{1}{2}$
— — Schafleder		$\frac{1}{2}$
— — Kalbleder		1

Die inländische Leder-Fabrikation ist keiner Abgabe unterworfen; nur die rohen Häute geben eine sehr geringe Steuer, z. B. 1 pf. für ein Kalb-, Schaf- oder Lammfell.

9. Die inländische Fabrikation der Lichte aus versteuertem Talg ist im Preussischen keiner Abgabe unterworfen. Das Pfund Wachslichte zahlt 1 gr.; die gelben Wachslichte sind mit 1 gr. vom Thaler Werth besteuert.

10. Die Verfertigung von Linnen, Kattun, Seidenzeug und Callicoes ist im Inlande keiner Abgabe unterworfen; die Einfuhr aus der Fremde ist verboten, wovon nur weiße Kattune ausgenommen sind, und nach Verhältniß ihrer Gü-

te 16, 24 bis 32 Thaler für das Stück zahlen. Aus Frankreich und dem Königreiche Westphalen werden jetzt aber alle seidene Zeuge gegen 10 pr. Ct., baumwollene und leinene gegen 8 pr. Ct. Abgabe eingelassen.

11. Die von dem platten Lande eingehenden Mauersteine zahlen von dem Hundert 6 pf.; die Einfuhr der fremden ist nur gegen Pässe erlaubt. Die Dachsteine sind einer gleichen Abgabe unterworfen.

12. Postpapier zahlt für das Rieß	2	gr.	
Schreib- und Concept-Papier	1	—	
Druckpapier		—	4 pf.
inländisches Pack- u. blaues Papier		—	8 —
fremdes	3	—	—

Fremde türkische, buntgemahlte, marmorirte und gedruckte Gold- und Silber-Papiere sind verboten.

Das Regal-Papier zum Zeichnen von Landkarten zahlt 1 gr. vom Thaler.

Gedruckte Bücher sind gar keiner Abgabe unterworfen; nur die jüdischen machen eine Ausnahme, und zahlen 2 gr. vom Thaler Werth.

13. Die fremden Tabacksblätter werden mit 2 gr. für das Pfund, die Virginischen Tabacksstengel aber mit 1 gr. für das Pfund versteuert. Einländische Tabacksblätter zahlen 1 Thaler für den Centner.

Der feine Spanische

Schnupftaback ist mit	1 Thlr.		für d.	Pfund
Canaster	—	—	6 gr. —	—
Portorico	—	—	4 — —	—

die übrigen fremden Sorten

Rauch- und Schnupftaback mit	6 — —	—

besteuert.

14. Küchen- und graues Salz zahlt für den Scheffel 1 gr. $2\frac{2}{5}$; pf. das Steinsalz 2 gr. für den Centner.

Kein Privatmann darf fremdes Salz, bei 12 gr. Strafe für die Metze, einbringen.

Wie hoch die Seehandlung und das General-Salz-Departement das Salz im Auslande bezahlen, ist mir nicht genau bekannt. Der Gewinn, den die Staatscassen von diesem Alleinhandel beziehen, ist zwar sehr bedeutend; allein die Contraventionen sind es bei den jetzigen hohen Verkaufspreisen (14 Thlr. 17 gr. für die Tonne zu 405 Pfund) nicht minder, und wahrscheinlich würde sich jener Gewinn nicht verringern, wenn dieser Handel auf eine verständige Weise in die Hände von Privat-Personen überginge. Man vergleiche darüber eine lehrreiche Abhandlung in Kraus kleinen staatswirthschaftlichen Schriften.

15. In den Städten darf die Seife nur aus versteuerten Materialien verfertigt werden; alsdann ist sie keiner weiteren Abgabe unterworfen. Fremde weiße Seife zahlt vom Centner 12 gr. 6 pf.; vom platten Lande die Tonne 8 gr.; die graue Seife aus dem Königreiche Westphalen 16 gr. vom Centner. Die Einfuhr aus andern Staaten ist verboten.

16. Silber-Geschirr zahlt, wie oben erwähnt worden ist, vom Loth Brutto-Gewicht eine Abgabe von 4 gr., welche dem Goldschmidt bei der Ausfuhr vergütet wird. Von fremden Waaren sollen, noch außer der neuen vorbemerkten Stempelabgabe, 8 gr. 6 pf. vom Thaler Werth entrichtet werden, wodurch die Einfuhr

offenbar unmöglich wird. Die Goldschmiede geben jährlich eine fixe Accise für das zu ihrem Gewerbe verbrauchte Gold und Silber.

18. Zur inländischen Stärke- und Puder-Fabrikation wird der Scheffel Weizen mit 3 gr. versteuert; fremde Stärke und Puder ist verboten. Aus dem Königreiche Westphalen darf jedoch Stärke gegen eine Abgabe von 13 gr. vom Centner, und der Puder, gegen Zahlung von 10 gr., eingebracht werden.

18. Die fremden Wagen oder vielmehr Kutschen ꝛc. werden mit 7 gr. 6 pf. vom Thaler Werth versteuert; die inländischen dürfen nur aus versteuerten Materialien verfertiget werden, und sind keiner weitern Abgabe unterworfen.

19. Rheinwein, Champagner, Burgunder, Ungarische-, Franken-, Mosel- und andere feine Weine zahlen 10 Thlr. 16 gr.; die Portugiesischen, Italiänischen, Griechischen und Likör-Weine 8 Thlr. 16 gr.; die Spanischen, Oestreichischen, ordinären Franz- und alle übrigen fremden Weine geringerer Gattung 5 Thlr. 20 gr. vom Eimer, und 3 gr. vom Thaler Uebertrags-

Accise. So bedeutend diese Abgaben sind, so erreichen sie doch bei weitem nicht die Englischen, welche den Werth der Waaren selbst übersteigen. Der inländische Landwein zahlt 5 gr. für den Eimer.

Der fremde Weinessig wird mit 3 Thlr 18 gr.
der inländische mit . . . — — 5 —
für den Eimer versteuert.

Fremder Bieressig ist verboten.

Bei dem Eingange vom platten Lande zahlt dieser 21 gr. für die Tonne.

Vom Scheffel Weizenmalz zum Fruchtessig werden 18 gr., und vom Scheffel Gerstenmalz 12 gr. entrichtet. Der feine Französische Tisch- und die wohlriechenden Wasch- und Toiletten-Essige sind einer Abgabe von 6 gr. für den Thaler Werth unterworfen. — Es würde mich zu weit führen, einzelne Balancen der Englischen und hiesigen Accise-Abgaben anzulegen; daher begnüge ich mich, sie durch diese Zusammenstellungen Jedem möglich gemacht zu haben. Eben so wenig gehört hieher die Aufzählung aller der bloß im Preussischen jener Abgabe unterworfenen Gegenstände; deshalb wende ich mich sogleich zu den Bemerkungen über

Die Landtaxe und die Grundsteuer.

Unstreitig steht die seit mehr als hundert Jahren unveränderte Englische Landtaxe jetzt nicht in einem richtigen Verhältnisse zum wirklichen Ertrage; sie war schon bei ihrer Fixation sehr gering: um wie viel mehr muß sie es nach so ungemeiner Erhöhung der Renten seyn! Viele halten dafür, diese niedrige Grundsteuer sey ein Unglück für England; — mir scheint die entgegengesetzte Meinung richtiger. — Ganz entbehrlich ist jetzt eine Grundsteuer nicht, weil bei den großen Bedürfnissen des Staates fast auf jede nur denkbare Weise genommen werden muß; weil, wie schon oben bemerkt wurde, das Nehmen in großen Quantitäten an Einer Stelle praktisch unmöglich ist; ferner, weil ohne eine solche Steuer vielen Menschen mit den Abgaben fast gar nicht beizukommen wäre. Jede Grundsteuer wirkt aber verderblich auf die Production und auf den Credit: erstlich auf die Production; denn die Kapitalien werden von der

Anlegung im Ackerbau, dem, wenn nicht wichtigsten, doch sichersten und unentbehrlichsten Fundament des National-Reichthums, weggedrängt. Dieser Umstand findet für Handel und Gewerbe durch Belastung mit indirecten Abgaben weit weniger Statt, weil diese letzteren sich auf die Consumenten vertheilen und verschwinden, dort aber fast ganz den Eigenthümer treffen. Die Grundsteuern vermindern ferner — und dies ist das wichtigste — den Kapital-Werth des National-Vermögens nicht in dem Verhältniß ihrer wirklichen Nominal-Größe; — sondern um die Summe, von welcher ihr Nominal-Werth als Zins erscheint. Sie sind gewissermaßen die Antipoden des Fundirungs-Systems, d. h.: hier nehme ich bloß die Zinsen, um das Kapital zu heben; dort vertilge ich das Kapital, um die Zinsen zu erhalten. Wenn z. B. auf ein Grundstück 5 Thlr. Grundsteuer gelegt werden, so vermindert sich in demselben Augenblick der Kapital-Werth um 100 Thlr.; der Credit des Grundstückes vermindert sich um diese Summe; ja, es ist der Fall denkbar, daß durch allmählige Steigerung Kapital und Credit gleich Null wird. Dies Zurückschlagen der Grundsteuern auf den Werth der Grundstücke, dies Radiciren derselben, ist ein praktisch ganz unvertilgbarer, über alle Maßen wichtiger Fehler, wogegen alle Raisonnements aus bloß theoretischem Standpunkte nichts helfen; daß dagegen ein solches Radiciren (Verwurzeln) der Last bei den indirecten Steuern nicht Statt findet, ist ein überaus wichtiger Vortheil. Die Steigerung der letztern kann viel von der Einnahme wegnehmen; allein sie vertilgt doch niemals Kapital und Credit. Zu diesem Vorzuge kommt die sichere Erhebung, die willigere Zahlung: die indirekten Steuern sind unsichtbar, überall und nirgends, leicht beweglich; nur Einer und der Andre weiß, daß er sie zahlte: Jedem scheint es von seiner Willkühr abzuhangen, ob er sie entrichten wolle, oder nicht; sie sind psychologisch unentbehrlich, und durch sie eher 100,000 Thlr., als auf directem Wege 10,000, zu erheben. So wie es die Kindheit, die Unvollkommenheit des Creditwesens, ja des gesammten öffentlichen Lebens und des Verkehrs bezeichnet, sich nach speciellen Hypotheken und Faustpfändern umzusehen: so ist es die Kindheit des Besteuerungswesens, immer dahin die Hände auszustrecken und da zu nehmen, wo man Land, Häuser und andre handgreifliche gar große Dinge sieht. Die, welche hieran zweifeln, sind an Hume's Ausspruch zu erinnern, daß fast bei keiner Wissenschaft so sehr wie bei der Staatskunde alles das, was, der ersten Betrachtung nach, als höchste Gewißheit und Wahrheit erscheint, bei tieferer Prüfung sich in die höchste Verkehrtheit verwandelt.

Das stillstehende statistische Besteuerungswesen ist eine Folge von der statistischen Betrachtung des Staates selbst; wem er als etwas künstlich Zusammengesetztes, Fertiges, Abgeschlossenes erscheint, dessen man in Tabellen und Zahlen habhaft werden kann: dem ist die Besteuerung nur ein Divisions-Exempel; wem er dagegen als etwas stets Bewegliches, Lebendiges, Wachsendes erscheint, dem können jene statistischen versteinerten Ansichten auch noch nicht einmal als Erklärung eines Moments gelten:

er muß das Lebendige als lebendig begreifen, dem Beweglichen sich selbst bewegend zugesellen, und nicht etwas Beharrliches, ein Gesetz, da appliciren wollen, wo es nicht hin gehört. So wie der Staat nichts ist, als die ewig fortlaufende Entwickelung aller denkbaren geistigen Thätigkeiten, unterstützt von den rastlosen Erzeugungen der Natur: so muß auch das Besteuerungswesen stets sich entwickelnd seyn; und das wird es nicht etwa durch täglichen Wechsel der Grundsätze, sondern dadurch, daß es nur eingreift, wenn und wo sich die Thätigkeit offenbaret, und in die Masse dieser Thätigkeit selbst eingreift. — Mein Zweck erlaubt nur diese Andeutung, nicht eine weitere Ausführung.

Auch unsere Grundsteuern sind, im Verhältniß zu den indirecten Abgaben, gering: meines Erachtens ein großer Vortheil; denn, nur auf diese Weise war es möglich, in der Preussischen Monarchie das zu leisten, was geleistet ist. Aber sie haben einen zweiten Fehler: den, daß sie nicht alle Theile des Grundvermögens treffen, daß ganze Gegenden, ganze Stände, davon befreiet sind.

Es bedarf keines Beweises, daß dies finanziell, psychologisch und politisch höchst fehlerhaft, und bald zu verbessern ist. Soll diese Verbesserung ausgesetzt bleiben, bis ein ganz neues Grund-Cataster angefertigt worden; so möchten wir es schwerlich erleben: denn diese Anfertigung ist ein weitläuftiges, kostspieliges Werk; und wenn es denn auch mit aller Umsicht und Redlichkeit, die irgend anwendbar war, beendigt wird, so bleibt es doch nur wenige Jahre passend: die Natur, der Fleiß, die Einsicht, die Kapitalien bewirken so vielfachen und raschen Wechsel, daß man immer aufs neue anfangen muß, bis man es vorziehen wird, durchaus andere Wege der Besteuerung einzuschlagen. Es kann aber nicht schwer fallen, die contributionsfreien Gegenden und Stände mit einer Steuer zu belegen, die mit der für die übrigen Zahlungspflichtigen in billigen Verhältnissen steht; sobald nur der Entschluß dazu fest gefaßt ist, und sachverständigen, redlichen Männern dazu unbeschränkte Vollmacht ertheilt wird. Hiermit ist die Aufhebung des Vorspanns, der Natural-Einquartierung, der Natural-Fouragelieferung, und die gleiche Vertheilung der dadurch entstehenden Kosten zu verbinden; oder wenigstens sind, wenn dies nicht so schnell geschehen könnte, jene übermäßigen Lasten nicht bloß Einem Stande aufzulegen.

Die Idee in England die Landtaxe zu verkaufen, stimmt mit der bei uns aufgestellten, die Abgaben abzulösen; nur erstreckt sie sich dort auf alle Grundsteuern, hier aber bloß auf die gutsherrlichen baaren und Natural-Hebungen.

Der Zweck für England ist schon oben angedeutet: nämlich die Ersparung von Zinsen, die theilweise Tilgung der Schulden, und die Erhöhung des Credits. Es fehlt an genauen Nachrichten, wie weit der Verkauf gediehen sey; man hatte aber gleich Anfangs gegen das Verfahren große Einwendungen gemacht, die sich zuletzt darauf reduciren:

daß man einer Grund-Taxe bedürfe, daß sie heilsam sey, daß aber die Sache sich nicht ausführen lasse. Der erste Einwurf ist in dem oben Gesagten berücksichtigt; der zweite hat sich zum Theil durch die Erfahrung widerlegt; ein dritter aber scheint, seit dem Budget des Lord Henry Petty, so viel Gewicht gewonnen zu haben, daß die Sache fast zum Stillstande gekommen seyn soll.

Man hielt es nämlich für nachtheilig, 80 Millionen Nominal-Werth, lebendiges, in Akkerbau steckendes, Kapital in die Hände der rentenirenden Stocks-Inhaber zu spielen, und dadurch vielleicht auf mehrere Jahre für die National-Oekonomie zu tödten. — Dieser Grund ist indeß an und für sich nicht entscheidend; denn, wenn der Landmann glaubt, mehr Vortheil zu haben, das Kapital Ein- für allemal, und nicht jährlich die Zinsen, zu zahlen: so braucht man in seiner Seele keine Bangigkeit zu hegen; wozu aber die 80 Millionen endlich verwendet werden, das ist die entscheidende, durch die bloße Einziehung derselben gar nicht beantwortete, Hauptfrage. Der gute Stand der Staatspapiere mußte die ganze Operation ungünstiger erscheinen lassen: das mag wohl der eigentliche Grund von der Hemmung derselben seyn.

Bei uns entsteht die Hemmung aus entgegengesetztem Grunde, aus dem Mangel an Geld und Credit; jene Ablösung wird so wenig, wie der Verkauf der Domainen, rasch zu Stande kommen können. Gelänge es indeß für alle Grundsteuern, so hätte man reinen Boden, um darauf ein neues Grund-Cataster zu fundiren. — Ganz den richtigen Grundsätzen entgegen, die Besteuerung erschwerend, und ohne Rücksicht auf die innere Kraft des Grundvermögens, wäre aber die Maßregel, Zahlungen für aufgelösete Zwangsgerechtigkeiten, z. B. für den Mahlzwang, an den Boden zu heften und als Grundsteuer zu erheben. Davon abgesehen, daß ein solches Radiciren für so viele Personen, die weder Grundvermögen noch bleibenden Wohnsitz haben, unmöglich wird; so drückt es die Grundbesitzer auf eine unbillige Weise: es verewigt nur das Mißverhältniß, und verwandelt den alten Mahlzwang in einen neuen Zahlzwang. Solche Uebelstände sind bloß wegzustreichen, ohne Auferstehung in andrer Form; — die frei gewordene Thätigkeit wird den geringen Ausfall an andern Orten vielfach ersetzen. Jede Erhebungsart ist vorzüglicher, als die Erhebung durch den Mahlzwang; aber unter allen zur Deckung etwaniger Ausfälle zu treffenden Maßregeln, ist die, welche bloß den Zwangspflichtigen anzieht, und zwar bloß durch directe Grundsteuer anzieht, die schlechteste. Die Besteuerung des übrigen Einkommens, des personal estate bei der Englischen Landtaxe, ist nur historisch erklärlich; wissenschaftlich untauglich; besonders dann, wenn die Steuer irgend zu einer bedeutenden Summe anwüchse, was, bei der unwandelbaren Fixation der Quoten der Communen, die größten Ungerechtigkeiten erzeugen müßte.

Die fixirten Steuern (assessed taxes).

Mit Ausnahme der Fenstersteuer, welche aus bekannten Gründen fehlerhaft ist, und der Steuer vom Puder und von Wapen, die bei uns wohl nicht viel einbringen möchten, scheint eine Nachahmung dieser, den Luxus treffenden, Abgaben äußerst rathsam. Einwendungen gegen die

Mannichfaltigkeit dieser Taxen haben Diejenigen gemacht, welche wissen, woraus sie bestritten werden, aber nicht wissen, wie und wo Einziehungen rathsam und möglich sind.

Die Einkommensteuer.

Ehe wir fragen, wie eine Einkommensteuer auszuführen sey, müssen wir untersuchen, ob und welche Vorzüge ihr überhaupt zukommen. Sie ist, bei mancher bald zu berührenden Aehnlichkeit der Unvollkommenheiten, in andern Punkten das Gegentheil einer indirecten Steuer: denn sie nimmt

1. vom Einnahme-, und diese vom Ausgabe-Kapital. Obgleich beide Kapitale in gewissem Sinne identisch sind, so finden sich doch praktische Unterschiede. Jenes ist ein Brutto-Kapital: eine auf das Einkommen gelegte Abgabe trifft dasselbe nur nach Abzug der Ausgabe, welche zur fortdauernden Erhaltung der Einnahme selbst nöthig ist; eine Besteuerung des Ausgabe-Kapitals trifft dagegen eigentlich ein Netto-Kapital, also ein Quantum, von dem die Zahlung weit unbedenklicher erfolgen kann; z. B.

das Einkommen eines Gewerbetreibenden wird auf 1000 Thaler abgeschätzt; 400 Thaler schickt er seinem Sohn auf die Universität: die Einkommensteuer trifft die 1000 Thaler; die indirecte Steuer träfe nur 600 Thaler, und so in ähnlichen Fällen. Welche die angemeßnere in Beziehung auf Zahlungsfähigkeit sey, ist an sich klar.

Die Einkommensteuer raubt für ein gewisses Quantum absolut die Möglichkeit irgend einer Art der Verausgabung; die indirecte Steuer erschwert nur gewisse bestimmte Arten der Verausgabung.

1. Der Moment der Hebung ist bei der indirecten Steuer der günstigste, bei der Einkommensteuer der ungünstigste. Ich beziehe mich zunächst auf die schon oben gemachte Bemerkung, wie unrichtig es sey, zu wähnen, daß man immer da baares Geld zur Einziehung finden werde, wo notorisch eine Einnahme Statt gefunden hat. Die Zahl der Restanten wird, ungeachtet aller Zwangsmittel, äußerst groß seyn: ein Uebel, welches man bei den indirecten Steuern gar nicht kennt.

Man kann zur Hebung dieses Uebels darauf dringen, die Einziehung der Abgabe, wo möglich, sogleich in dem Augenblicke zu veranlassen, wo die Einnahme bezogen wird; allein diese Besserung ist einseitig: sie vermehrt in wissenschaftlicher Hinsicht den Fehler; es ist ein Pflücken unreifer Früchte, welche keinen Samen zu Erzeugung neuer Früchte bei sich tragen. — Wird dagegen bei der Ausgabe, bei der Consumtion, eine Steuer gehoben, so hat das gesammte Kapital zur Erzeugung neuer Güter, zur Erhöhung der Industrie, eingewirkt: das entgegengesetzte Verfahren muß die Consumtion, und, was davon unzertrennlich ist, die Industrie beschränken; mehr als eine Taxe, welche man unmittelbar auf die Consumtion legt.

Die Einkommensteuer wird bis zu einem gewissen Grade allemal Vermögenssteuer; und dann treffen sie alle die Vorwürfe, welche dieser mit Recht gemacht worden sind. Eine richtige Repartition derselben anzulegen, ist höchst schwierig. Das Ausmitteln des Einkommens, die Controllirung der Angaben, hat in England, wo der

Reichthum und das Interesse der Nation an den öffentlichen Vorfällen größer ist als bei uns, so große Schwierigkeiten gefunden, daß dem Minister Pitt übermäßig umständliche Vorschriften nöthig schienen, die er aber, bei dem nicht unnatürlichen Unwillen der Nation, zum größten Theil zurücknahm. Wenn schon die Controlle bei einer verständig eingerichteten Accise schwer ist, und die Erhebungsart getadelt wird: wie vielmehr zeigt sich hier Gelegenheit zu Vorwürfen, wo eine unübersehliche Menge drückender Maßregeln, hundertfältige Vorschriften zur Abschätzung des Einkommens, und Willkühr bis zu einem gewissen Grade unvermeidlich sind; wo jedes Individuum seine innersten Verhältnisse aufdecken soll! — ein Verlangen, das an sich hart, und, bei der Unbekanntschaft mit allen Begriffen von reinem Einkommen, und bei der inneren Unbestimmtheit derselben, so schwer wird, daß die unrichtigen Angaben, welche zahllos Statt finden werden, fast gerechtfertigt erscheinen. Wie wenige Kaufleute, Gewerbetreibende, Pächter u. s. w. führen so genaue Bücher, daß sie selbst wissen, was sie einnehmen! und wie sollen sie die selbst gewonnene Consumtion, die unmittelbar für sich und ihre Familie verwendeten Vortheile berechnen, und dem Einkommen zusetzen? wie z. B. der Bäcker das consumirte Brot, der Fleischer das Fleisch, der Gärtner die Gartenfrüchte, u. s. w.. Nur Rentenirer und Salaristen können — dadurch im Nachtheil — gehörige Geständnisse liefern; — für den ganzen übrigen zahlreichen Theil der Nation scheint es mir aus inneren Gründen unmöglich.

Ich schließe mit den Worten eines von unsern größten Finanz-Kundigen, (Historisches Journal, September 1800, S. 433). »Ich halte die Einkommentaxe für ein lehrreiches und auf immer schreckendes Beispiel der radicalen Untauglichkeit aller auf eine große Sphäre berechneten directen Abgaben, für einen redenden Beweis von der Falschheit aller der verführerischen Theorieen, die uns die Freiheit und den Wohlstand der Völker an diese Abgabe ausschließend gebunden zeigen wollten!"

Nur in einem einzigen Falle möchte sich die

Einführung der Einkommensteuer wohl immer noch nicht rechtfertigen, aber doch entschuldigen lassen: wenn die indirecten Abgaben schon zu solcher Höhe gestiegen sind, daß die Consumtion bei neuer Steigerung wirklich ganz aufhören müßte (eine Behauptung, die für viele Fälle nie wahr wird); — und wenn ferner die außerordentlichen Bedürfnisse so dringend sind, daß man seine Zuflucht auch zu Hülfsmitteln nehmen muß, welche nur eine Zeitlang dauern und für den Moment helfen sollen. Dann mag selbst die Einkommensteuer als Vermögenssteuer wirken; es ist nun einmal, leider! an der Zeit, selbst einen Theil des Kapitals aufzuopfern, um das Uebrige zu retten.

Es stehe also fest, daß die Einkommensteuer nicht umgangen werden kann. In diesem Falle sind, vor näherer Prüfung über die Behandlung der einzelnen Zweige des Einkommens, folgende allgemeine Fragen zu beantworten:

1. Soll jedes Einkommen, welches irgend eine bestimmte Größe nicht erreicht, von der Abgabe frei seyn?

2. Soll eine Steigerung der Abgabe nach Procenten eintreten?

3. Sollen Ausgaben von dem Einkommen abgezogen werden dürfen?

4. Sind alle Zweige der Einnahme gleich-hoch zu besteuern?

5. Wie soll die Ausmittelung des Einkommens, und die Administration im Allgemeinen eingerichtet werden?

6. Wozu soll die Einnahme verwendet werden?

Zu 1. — Nach dem ersten Plane zur Einkommensteuer in Großbrittanien war jedes Einkommen, welches jährlich unter 60 L. betrug, von der Abgabe frei; dieser Grundsatz ist, wie wir oben (S. 138.) gesehen haben, nachher beschränkt worden. Die Fixirung einer solchen zur Befreiung von der Abgabe berechtigenden Summe hat die üble Folge, daß ein allgemeines Bemühen entsteht, sich in dies Vorrecht der Befreiung hinein zu drängen; es entgeht eine gewisse Masse von Einkommen der Besteuerung, besonders bei uns, wo die Quoten so gering sind. Ich glaube daher, daß jedes Einkommen ohne Ausnahme zu besteuern ist; die Aermern jedoch ohne weitere Abschätzung, nach feststehenden, sehr geringen Sätzen.

Zu 2. Die Steigerung nach Procenten ist bei uns noch nöthiger, als in England, weil dort die Reicheren bei andern Abgaben schon sehr stark angezogen werden, und zwar

a. durch die, im Maße des größern Verkehrs, Handels und der größern Geldeinnahme anwachsenden, Stempelsätze (m. s. S. 21. u. f.);

b. durch die fixirten Taxen, welche fast ganz allein den Reichen treffen, und, nach Beschränkung jenes Grundsatzes über die Befreiung des Einkommens, um 10 pro Ct. erhöhet worden sind;

c. durch außerordentlich hohe Besteuerung einiger Gegenstände des Luxus bei der Accise;

d. durch die für die wichtigsten Gewerbe im Maße ihres Umfanges jährlich zu lösenden Licenzen;

e. durch die Befreiung der ersten Lebensbedürfnisse, des Brotes, des Fleisches und des Brennmaterials, von allen Abgaben.

Allerdings treffen bei uns auch den Reichen größere Abgaben, als den Aermeren; allein das Verhältniß ist noch nicht richtig gestellt, und dieser fünfte Punkt könnte allein schon eine Steigerung der Procente begründen. Wenn aber nicht auf der andern Seite große Ungerechtigkeit eintreten, wenn nicht jeder Fortschritt der Industrie und des Wohlstandes gleichsam mit dem Banne belegt und schon im Ursprunge vertilgt werden soll: so darf jene Steigerung nicht in's Unendliche fortgehen. Ich würde, unter keinem Vorwande, selbst bei dem höchsten Einkommen, den Satz von 10 pro Ct. für die einjährige Hebun übersteigen. Wird dagegen bei uns dies Princip des Anwachsens der Abgabe ganz verworfen, so dürfte nur wenig eingehen, oder die Last für die geringere Classe unerträglich drückend werden.

Zu 3. Bei den Verhandlungen über die Einkommensteuer nannte Lord Aukland das Princip der Steigerung revolutionär; noch revolutionärer würde ihm der Vorschlag erschienen seyn, auf die Ausgaben der Einzelnen Rücksicht zu nehmen; deshalb ist auch späterhin in England durchaus mit Recht die Begünstigung aufgehoben worden, welche anfänglich für eine gewisse Zahl von Kindern zugestanden war.

Diejenigen, welche mit dem Argumente dafür streiten, „daß der Eine bestimmte Einnahmen weniger nothwendig gebrauche und also mehr davon geben könne, als der Andre," behaupten zuletzt nur, „daß eine Einkommensteuer sehr große Mängel habe," wovon ich gleichfalls überzeugt bin; allein eine Einkommensteuer mit Rücksicht auf die Ausgaben eines Jeden, scheint mir den Begriff derselben ganz umzustoßen. Sie verlangt ja eben durch die Besteuerung des Einkommens, daß Jeder seine Ausgaben nach dem Ueberreste regulire, welcher nach Abzug der Abgabe verbleibt; das Quantum der Einnahme bestimmt die Ausgabe, nicht die Ausgabe das Quantum dessen, was zur Besteuerung angezogen werden kann. In der Regel giebt Jeder alles aus, was er einnimmt, auch wohl noch mehr; da bliebe also nichts zu besteuern, ja man müßte noch zugeben. „Wir verlangen," sagen die anders Gesinnten, „bloß den Abzug der nothwendigen Ausgaben.“ — Was sind denn aber die nothwendigen Ausgaben? ist dem Gelehrten der Ankauf von Büchern, dem Künstler der Ankauf von Kunstwerken, dem durch Neigung oder Verhältnisse Geselligen der Ankauf mannichfaltiger Gegenstände des Luxus, nicht eben so nothwendig zur untheilbaren Erhaltung und Bildung des Leibes und der Seele, als dem Armen die bloße Erhaltung seines Leibes? Das entgegengesetzte Princip führt, bei consequenter Anwendung, zur Erdrückung und Herabwürdigung alles dessen, was als das Herrlichste am Menschen erscheint; es führt, bei der besten Absicht, zur Auflösung und zur Anarchie; es ist gleich mit dem Princip einer Steigerung der Procente in's Unendliche, mit dem Princip einer absoluten Gleichheit des Vermögens, der Neigungen, Bestrebungen und Genüsse.

Zu 4. Alle Arten des Einkommens sind in Großbrittanien gleich-besteuert; denn die Ausnahme bei den Pächtern und Nießbrauchern ist eigentlich nur scheinbar: sie entsteht durch die Art der Hebung und Berechnung.

Mir scheint jenes Verfahren unrichtig; denn

1. sollte wohl darauf Rücksicht genommen werden, ob ein Einkommen Folge eines geringern oder größern verwendeten Kapitals sey, und was zu 4 Procent rentirt, nicht besteuert werden, wie das, was zu 8 Procent rentirt. Doch diese Ausmittelung könnte praktisch wohl unmöglich erscheinen; dann aber bleibt es

2. möglich und nöthig, Einnahmen, die aus einem Real-Vermögen oder aus Eigenthum herrühren, welches für alle Zeiten für Kind und Kindeskinder bleibt, welches Credit begründet, und ein Gewerbe dem Umfange nach über das eigentliche Vermögen hinaus; es bleibt nöthig, sage ich, solche Einnahmen stärker zu besteuern, als bloß persönliche Einnahmen von Gehalt, Sold, Pension rc., die mit dem Tode aufhören, die keiner Erhöhung fähig sind, deren Percipienten nicht einen Theil der Abgabe auf das Gewerbe selbst schlagen und von den Vortheilen des Credits keinen Gebrauch machen können.

Kapitalien auf Leibrenten geben leicht doppelte Zinsen, weil ihre Rückzahlung wegfällt; im umgekehrten Verhältniß können Renten nur etwa zur Hälfte besteuert werden, wenn sie nicht reell, sondern an das Leben der Person geknüpft sind: oder, z. B., der Besteuerungs- und der gewöhnliche Zinsfuß mögen 5 Procent seyn, ich erhalte auf Leibrenten 10 Procent; denn so viel ist dem Zahler die Aussicht werth, das Kapital zu gewinnen: ich bezahle nur 2½ Procent Steuer vom Gehalte; denn so viel muß ich mir den Verlust berechnen, der daraus entsteht, daß mir niemals das Kapital, sondern nur die Rente auf Lebenszeit, zu Theil wird.

Zu 5. Nicht etwa allein durch den Reichthum der Nation, sondern hauptsächlich durch die Art der in Großbrittanien erwählten Administration, ist ein glänzender Erfolg der Einkommensteuer möglich geworden. Wir müssen hier von allen bisherigen Einrichtungen abweichen, oder auf gerechte und einträgliche Resultate Verzicht leisten. Wir müssen (eine Ueberzeugung, die jetzt von den höchsten Behörden schon mehrmals ausgesprochen worden (ist)

1. einsehen lernen, daß nicht die Zahl der Vorschriften, nicht die Bannziffern und Principien etwas helfen; sondern daß diese der Tod der lebendigen Bemühungen, der Hinterhalt der Trägen und Unredlichen, eine Scheidewand gegen die Wahrheit sind. Ueberaus einfach erscheinen die Brittischen Grundregeln; dagegen aber

2. ist, durch die freie Wahl der Officianten aus allen Ständen des Volkes, die Vertretung eines jeglichen Interesse möglich geworden. — Ehe bei uns nicht an die Stelle der einseitigen Repräsentation eine Bevormundung der übrigen Stände, bis zu ihrer nicht plötzlich zu verlangenden, aber zu hoffenden, Großjährigkeit, eintritt: ehe wird das Grundübel nicht verschwinden, an welchem wir jetzt überall kranken. Nicht als wenn ich meinte, der Repräsentant des einen oder des andern Standes solle nur auftragsweise für seine Committenten sprechen; im Gegentheil, ganz gelös't von dem einzelnen Interesse derselben soll er das gesammte Interesse Aller

vor Augen haben, und nur für das eine untrennbare Wohl des Staates wirken. Von Einem Punkte aus, ohne Gegengewicht, handeln, hiesse eine Centrifugal-Kraft ohne Centripetal-Kraft wirken lassen: nicht geregelte Ordnung, nicht Maß in der Bewegung kann daraus entstehen, sondern ein furchtbarer Sturz in das tiefste Verderben; und das haben wir erlebt. — Sonst sprach der König nur durch die Behörden zu dem Volke; und — so thöricht man auch oft gewitzelt hat — die Kammern waren nicht die Blutsauger, sondern die Vertreter des letzteren. Will man eine solche Vertretung nicht mehr, so kann doch an die Stelle der Verfassung, welche Unpartheilichkeit und Kenntniß aller Verhältnisse erzeugten, nicht eine bloße Geburt der Noth als Rettungsmittel constituirt werden. Indem die Vereinfachuug aller Zweige der Verwaltung als Ziel aufgestellt wird, und vorher getrennte Behörden in der Regierung vereinigt sind, für welche, wie für das Consistorium, ein eigenthümliches Leben wenigstens nicht unmöglich scheint: — wäre es ein Auseinander-Reißen des Untrennbaren, wenn Besteuerung, Erhebung, Execution, mehreren, in ihren Ansichten und Verfügungen einander oft widersprechenden, Behörden anvertrauet würden.

Nicht in den Sachen, nicht in den Personen allein, nicht im bösen Willen, nicht in tadelnswerther Anmaßung, liegt das offenbare Uebel, sondern in der formellen Organisation der Einen Behörde, und in der Lösung von der andern. Wir müssen dem Uebel in der Wurzel beikommen; wir müssen der Einsicht, dem Muthe, der Bedrängniß das Wort vergönnen, damit endlich aus allen Theilen der Nation ein Ganzes zusammenwachse, und mit Sonnenklarheit allen vor den Augen des Verstandes und des Herzens geschrieben stehe, daß durch das vereinzelte Treiben der Untergang Aller begründet wird, daß der ungerechte Druck des Augenblicks über kurz oder lang die Federkraft weckt, welche zerstörend zurückwirkt. Ja, es leuchtet dem Unbefangenen ein, daß ein Höheres vorhanden, erreichbar ist, wonach Alle sehnsuchtsvoll greifen sollten, anstatt zu wühlen nach den versunkenen Schätzen und Freuden und Rechten, welche den Voreltern zustanden, weil sie die Kraft gehabt hatten, sie zu begründen. Was der Gipfel der Größe war für Eine Zeit, wird, entartet, gemißbraucht, der Tod der andern; und das ist die Kunst der Staatswissenschaft, in den raschen Bewegungen der Welt zu erkennen, was junges Leben in sich trägt und gebildet und erzogen seyn will, und was nur der Krankenpflege bedarf, um des früheren Lebens halber ehrenvoll beerdigt zu werden.

3. Was thut die Regierung in Großbrittanien bei den Einzelnheiten der Verwaltung? — Nichts! — und erst, wenn bei uns die Ueberzeugung allgemein geworden ist und tief Wurzel geschlagen hat, daß das stete Belehren, Vorschreiben, Entscheiden, Einwirken, alle tüchtige Thätigkeit verdrehet und lähmt: erst dann werden wir zu dem erwünschten Ziele gelangen. Nicht auf Vorschriften, Principien verläßt sich die Brittische Regierung; — sondern auf die Redlichkeit, die praktische Weisheit der Männer, welche, nach der Stimme ihrer Mitbürger, wür-

dig sind, über ihre Rechte und ihr Gut zu entscheiden.

4. Weil ein solcher Beruf groß und ehrenvoll ist, so übernimmt ihn der Freund seines Vaterlandes gern und unentgeldlich; aber mit welcher Sorgfalt ist auch die Brittische Regierung bemühet, die Würde dieses Berufes nicht zu verletzen! Der von ihr gesetzte Aufseher kann temporell einwirken; aber der Ausspruch der Commissarien ist die letzte höchste Instanz. Alle Geschäfte sind in einen bestimmten Kreis von Personen eingeschlossen, über denen nicht neue controllirende Behörden in engeren Kreisen stehen; es ist von Anfragen, Berichten und andern Schreibereien nie die Rede. — Freilich, wollte man dies nachahmen ohne vollendete Repräsentation und Wahl: — so würde das Uebel vermehrt, keinesweges vermindert. Manchem scheint es jetzt bei uns sehr beschwerlich, ein öffentliches Amt dieser Art anzunehmen: so entfremdet sind wir der Einsicht von der hohen Wichtigkeit der Selbstbesteuerung! — Wenn wir ihn aber fragen: wären bei entgegengesetzter Organisation solche Prägra-

vationen möglich gewesen, als wir sie während der letzten Jahre vor Augen gehabt haben? — so wird er dies verneinen und mit Dank die aufgetragenen Geschäfte verrichten. —

5. Wozu endlich wollen wir die Einnahmen der Einkommensteuer verwenden? Zur Verzinsung und Tilgung der Kriegesschulden. Stehen diese fest? — Meines Erachtens, Nein!

Wir haben Gläubiger bona fide und mala fide; wir sehen Anleihen eingegangen zu übermäßigen Zinsen, welche aufzubringen ganz unmöglich ist, deren Bewilligung vielleicht der Augenblick der Noth entschuldigte, deren fortdauernde Zahlung, bis zu 21 Procent bei neunfachem Pfande, aber nicht gerecht, sondern ungerecht, deren Empfang auf Kosten seiner Mitbürger hier wahrhafter verwerflicher Wucher wird. Die Stadt Berlin, welche, in Vergleich mit der Provinz, mehr Schulden und weniger innere Kräfte hat, leidet nicht wie diese, weil zweckmäßigere Vorkehrungen getroffen und ohne Vergleich billigere Anleihen gemacht worden sind. — Weit entfernt, solche unkluge und ungerechte Behandlung der Creditoren und Lieferanten anzurathen, wie sie bloße Willkühr oft herbeiführte, ist doch hier eine Prüfung, Sonderung, Behandlung und Fixation schlechterdings nothwendig, wie sie einst Sully, zum Wohl seiner Nation und zum ewigen Ruhm seines Namens, durchgesetzt hat.

Dies geschehe schnell und mit Ernst; dann mögen sich die Stimmen der Stände mit der Stimme der Regierung vereinigen, daß aus allen Theilen der Nation Männer zu einer Schuldenverwaltung und Tilgungs-Deputation zugezogen werden, und diese Deputation, wie dies schon in andern Provinzen der Fall ist, als Theil der Regierung, unter demselben Präsidium, das Wohl des Ganzen befördern.

Durch eine solche Organisation ist

1. den Ständen die gehörige Theilnahme gesichert;

2. allem Schreiben zwischen den Committeen derselben und der Regierung ein Ende gemacht;

3. jedem Streite, jeder widersprechenden Maßregel vorgebeugt. Beide Theile erhalten — was bis jetzt schlechterdings unmöglich ist — eine

vollständige Uebersicht der Bedürfnisse und der nothwendigen Maßregeln, während jetzt Keiner, beim besten Willen, des Andern Ansichten begreifen kann. Der Eine will vom Unterthan dies, der Andere jenes beitreiben; Jeder glaubt, sein Verlangen sey das dringendere, und der unglückliche Unterthan wird zwischen diesen zwei Mühlsteinen gemahlen und geschroten.

Die Schulden-Deputation wird sich bald überzeugen, daß mit der alleinigen Einführung einer Einkommensteuer dem Uebel kein Ende gemacht werden kann: ihr Betrag wird nie den Bedürfnissen genügen; denn die Idee, sie auf 3 bis 4 Procent zu fixiren, aber vielleicht in Einem Jahre sechs- bis achtmal diese 4 Procent zu heben, zeigt, daß man das Wesen dieser Steuer, und der Besteuerung überhaupt, gar nicht versteht. Unbestimmtheit der Forderungen ruinirt alle Einzelnen; Unsicherheit der Bedürfnisse die Staaten. — In dem mit vielem Verstande und einer überaus verehrungswürdigen Unpartheilichkeit entworfenen Schuldentilgungsplane für die Stadt Berlin, ist deshalb eine dreifache Steuer vorgeschlagen worden: eine Grund-, eine Vermögens- und eine Einkommen-Steuer; jede trifft gewisse bestimmte Gegenstände, keine wird mit der andern cumulirt: die beiden ersten sollen 4 Procent des Kapitals, die letzte 8 Procent der Einnahme oder der Rente, des Zinses, betragen. Anfänglich möchte man vor der Größe der erstern erschrecken; ja, ihre Hebung ist schlechterdings unausführbar: allein von Hebung ist, wenn ich nicht irre, gar nicht die Rede, sondern die richtig leitende Idee muß, wie es mir scheint, folgende seyn: die Commune hat, als solche, weder Geld noch Credit; dieser muß, nach gänzlicher Zerstörung, auf die schon oben erwähnte Weise zur Kindheit zurückkehren, d. h.: man muß die Schulden- und Zinsenlast vertheilen, für jeden Theil derselben Special-Hypothek und Faustpfand bestellen, und so beweisen, daß der Bankerott noch nicht vorhanden ist. — Je weiter, je umfassender oder je gründlicher, diese Maßregel wirkt, desto mehr wird die Meinung schwinden, daß in jener Special-Hypothek mehr Sicherheit sey, als in der Bürgschaft, dem Leben, der Thätigkeit, den Erzeugnissen des Ganzen. Dann erst entsteht der Credit, der Glaube, das Vertrauen; — Mißbrauch aber ist es, dann von „Credit" zu sprechen, wenn ich die Hand auf die Sache lege, weil ich der Person nicht traue. Das übermäßige Vorwalten objectiver Sicherheit hat, uns zum höchsten Schaden, allen persönlichen Credit vertilgt, und dahin hat, noch mehr als die Gesetze, die ungerechte Nachsicht gegen Bankerottirer aufs stärkste gewirkt. Der Staatskundige wird hier nicht gegen mich streiten; der Jurist lasse sich vom Personalcredit in England Wunder erzählen, und lese die Brittischen Gesetze über Bankerotte!

Die Operation der Berlinischen Grundsteuer muß also zuletzt in einem Fundiren der Schuld auf Special-Hypotheken bestehen. Ein ähnlicher Plan ist für die Provinz noch nicht zum Vorschein gekommen, ob ich gleich überzeugt bin, daß nur auf diesem Wege, und nicht durch stete Wiederholung unzureichender, Kapital und Gewerbe zerstörender, nach schlechten Grundsätzen repartirter, Ausschreiben Hülfe geschafft werden kann. — Freilich scheint ein Hinderniß im Wege zu stehen, das bisweilen als großer Vortheil bezeichnet worden ist: man hat nämlich behauptet, der Credit der größern Grundeigenthümer sey unsere einzige Rettung; man müsse nur die Credit-Institute erhalten; ihr Fall sey das allgemeine Verderben: man hat aus diesen Gründen die Zinsbesteuerung nicht auf die Pfandbriefe erstreckt; man hat im Gegentheile Pfandbriefe angeliehen und von den übrigen Unterthanen die Zinsen decken lassen. — Ich für mein Theil glaube weder an die Richtigkeit jener Behauptungen, noch an die Heilsamkeit und Gerechtigkeit dieser Maßregeln; mir scheint im Gegentheil die gesetzliche Creditlosigkeit des größern Theils der Nation, und die Begünstigung des an Zahl und Vermögen geringern Theils, eine große Wurzel des Uebels.

Die Wahrheit dieser Behauptung erscheint ganz klar bei dem Gedanken, die Provinzial-Schuld auf Special-Hypotheken zu fundiren; davor erschrecken die größeren Gutsbesitzer: sie sehen, daß ihnen die Last allein zufiele, daß jedes Aussondern aus dem Staate zu isolirtem Daseyn anderer Art, sich zuletzt immer straft. Es ist deshalb möglich und nöthig — nicht etwa aus Partheilichkeit diese Strafe zu appliciren, sondern — das richtige Verhältniß für die ganze Nation herzustellen und, nach Fundirung der Schuld, die Einkommensteuer, nach mäßigen Procenten fixirt, ohne Nachforderungen und Nachrechnungen zu erheben.

Mit der Fundirung der Berlinischen Schulden ist zugleich das beste Mittel zur Ausgleichung der Kriegeslasten an die Hand gegeben. Für die Churmark ist diese Maßregel anfänglich zurückgewiesen worden; man wird aber, um der Gerechtigkeit, um des National-Reichthums willen, gewiß zu ihr zurückkehren. Es ist hierbei nicht von jedem Unglück des Krieges die Rede, nicht von jedem persönlich erlittenen Schaden, nicht von Ausrechnung nach Heller und Pfennig; — sondern allein von Ausgleichung der Lasten, welche nicht unmittelbar vom Feinde entstanden, sondern von den inländischen Behörden nach falschen Grundsätzen repartirt worden sind. — Vom Feinde leidet man gezwungen; man entschuldigt Mißgriffe der Behörden in den Augenblicken dringender Noth: aber vollständigere Rechtfertigung ist nur dadurch möglich, daß nach zurückgekehrter Besonnenheit rastlos zur Abhelfung des entstandenen Uebels gewirkt, nicht aus irgend einem unedlen oder unzureichenden Grunde gesagt werde: — „so besteh' es jetzunder." — Es giebt Prägravationen, die ohne Ausgleichung uns als verewigte Sünden zur Last fallen müssen: so die Besteuerung der Städte (Berlin ausgeschlossen) mit einen Drittheil der gesammten Ausschreiben; die Besteuerung adeliger Pächter zu 5, königlicher zu 12 pro Ct. von der Nahrung; die mindere Belastung des Eigenthümers, als des Benutzers überhaupt; die Lagersteuer, wo das größte Rittergut nur vier- bis sechsmal so viel zahlte, als der ärmste Bauer in der unfruchtbarsten Gegend; die Besteuerung nach der Aussaat, dem unrichtigsten aller Maßstäbe, wo der Morgen des fruchtbarsten Bruchlandes nicht mehr zahlt, als der Morgen des unfruchtbarsten Sandlandes; welchen Maßstab man in der Neumark fast ausschließlich anwendet, u. s. w.

Jene Arbeit ist, sobald sie mit festem, großem Sinne, mit hinreichender Vollmacht und ohne kleinliche Quälerei betrieben wird, so schwer nicht, als es anfänglich scheint. Man nehme die Summe aller Steuerausschreiben, repartire sie nach richtigen Grundsätzen, schreibe sie nach diesen nochmals aus, rechne die ältern Zahlungen zu gute, lasse Den baar nachzahlen, welcher zu wenig entrichtete, und gebe Dem heraus, welcher prägravirt ist! — Nach den Brittischen Grundsätzen und dem Entwurfe zu den neuen Steuern für Berlin, geht mit Recht das Geständniß über Eigenthum und Einkommen voran; erst nachher folgt die nöthige Prüfung: — nur eine falsche Vorliebe für Normalzahlen, oder sogenannte Principien, kann zu dem entgegengesetzten Wege, das heißt von der Wahrheit ab, führen. Angenommen, z. B., ich lasse ein Landgut nach ritterschaftlichen Taxprincipien abschätzen, und setze danach die Steuer fest: was habe ich dann eigentlich gethan?

1. Ich habe Vorschriften, Zahlen, von denen auch nicht eine einzige unbedingt — höchstens hier und da durch Zufall — mit der Wahrheit übereinstimmt, zu einem gesetzlichen Kanon erhoben; ich habe die Falschheit förmlich constituirt;

2. ich habe an die Stelle des wahren wirklichen Einkommens, welches in Brittanien stets zum Grunde gelegt wird und überall stets zum Grunde gelegt werden muß, ein unwahres heraus calculirt, und das größte Mißverhältniß zu dem Einkommen, und der Besteuerung begründet, wo ein solcher Calcul weder gesetzlich noch möglich ist. Es muß also schlechterdings den Commissarien, bei Ausmittelung des wahren Einkommens, kein solcher Hemmschuh angelegt werden: es darf niemand sein wahres Einkommen durch Hypothesen und financielle Taschenspielerkünste verschwinden lassen.

Einen zweiten Fall angenommen; man wolle von dem ausgemittelten Einkommen alle Real- und Personalschulden abziehen: — was bedeutet dies?

1. Einen Rückfall in die oben widerlegte Meinung vom Abziehen der Ausgaben.

2. In Verbindung mit den eben widerlegten Abschätzungsgrundsätzen, würden die Schulden die Einnahmen in den meisten Fällen übersteigen, und die alte Steuerfreiheit sich auf gemeinschädliche Weise erneuern;

3. entständen daraus die größten Verwickelungen in den Hebungen, wovon ich weiter unten reden werde;

4. wäre dies eine übermäßige Begünstigung der credithabenden Stände, gegen den creditlosen Stand. Wem bleibt verborgen, wo, und wie tief, hier die Besserung eintreten muß!

Die Brittischen Grundsätze bestimmen so genau und verständig, was von den einzelnen Zweigen des Einkommens abgezogen, und was nicht abgezogen werden dürfe, daß ich mich darauf beziehe. Sehr schwierig erscheint bei uns die Abschätzung des Einkommens der Bauern; auf richtige Geständnisse ist, bei Mangel an Einsicht und gutem Willen, gar nicht zu rechnen: eine Zuflucht zu Ziffern und Normal-Anschlägen, zu Abschätzungen einzelner Normal-Dörfer, ist ganz ungenügend, ja täuschend und schädlich;

deshalb komme ich wieder auf die Grundansicht zurück: redlichen, verständigen Männern das Geschäft anzuvertrauen, ihnen freie Hand zu lassen, und specielle Prüfung zur Pflicht zu machen. — Die Größe der Besitzungen kann nicht über das Einkommen entscheiden, da, bei den bedeutenden Lasten, oft der kleinere Besitz einträglicher erscheint: so sind in vielen Dörfern die sogenannten Kossäthen oder Halbbauern wohlhabender, als die Bauern. Wenn, für den Fall einer Fixation ihrer Steuer, nur auf die bisherigen Geldabgaben Rücksicht genommen wird, so bleiben sie noch prägravirt; denn wie viel müßte man nicht allein für die große Last des Vorspanns in Abzug bringen! —

Die Einnahmen des Pachters und Benutzers stehen nicht in einem nothwendigen unveränderlichen Verhältnisse zur Größe der Rente; es erscheint oft als die höchste Unbilligkeit, jenen nach Procenten der Rente zu besteuern. Auf der andern Seite ist es sehr umständlich, ja fast unmöglich, für jeden einzelnen Fall die Differenzen festzusetzen und, neben dem weitläuftigen Geschäft, die Rente auszumitteln, noch die zweite schwierigere Ausmittelung des Pachtgewinnes zu unternehmen. Daher scheint es mir unsern Verhältnissen angemessen, vom Pachter, wie in Schottland, in der Regel halb so viel als vom Eigenthümer zu verlangen, und nur bei vollständig erwiesenen Gründen einen höhern oder geringern Satz nachzulassen. —

Nirgends sind unvorsetzliche und vorsetzliche Irrthümer leichter und häufiger, als bei Besteuerung der Gewerbe nach dem Einkommen. Hier erscheinen aber auch die Englischen Gesetze nicht allein am vollständigsten, sondern, im Gefühl der Unzulänglichkeit aller Bestimmungen, ist hier mehr, als irgend anderswo, der Redlichkeit unpartheiischer Männer überlassen. Das Institut der Abschätzer oder referees, kann bei uns auf das heilsamste angewendet und ausgebildet werden.

Normal-Sätze der Steuer für einzelne Gewerbe sind so falsch und trieglich, wie Normal-Sätze zur Abschätzung des Grundvermögens: — wenn Schneider sich Rittergüter kaufen, so gehören sie gewiß nicht in die niedrigste, wenn Goldschmiede betteln, diese gewiß nicht in die höhere Classe; wozu also jene Bestimmungen? — „Sie leiten doch" — meint man — „wenigstens einigermaßen." — Umgekehrt! erwiedre ich; sie verwirren stets, mehr, oder weniger. Wenn der Commissarius erst aus der Tabelle entnehmen muß, wie ein Handwerker zu besteuern sey, so ist er entweder von Natur unfähig, ihn nach der vor Augen liegenden Größe und Einträglichkeit seines Gewerbes abzuschätzen, (und dann muß man das Geschäft einem Tüchtigern anvertrauen); oder aber er versteht es, ist jedoch durch das Steuer-Schema gebunden: dann muß man dieses abschaffen. Ein Drittes giebt es nicht.

Es sey mir erlaubt, hier zweier antiken Einrichtungen zu erwähnen. Wir wissen aus den Reden des Demosthenes gegen den Phainippos und den Nikostratos, daß in Athen eine Art von Einkommensteuer zur Bestreitung der Kriegeslasten bestand, daß viele Versuche gemacht wurden, sie zu umgehen, und alle vom Staate selbst angewendeten Mittel, dem Uebel abzuhelfen, nicht hinreichten. Man verstattete deshalb den Einzelnen zwei Mittel; das erste war die Antidosis, das zweite die Apographe. Antidosis hieß das Erbieten, mit dem Vermögen zu tauschen, wenn Der, dem man es antrug, nicht bereit war, die öffentlichen Lasten der höheren Classe zu übernehmen, welche dem Antragenden prägravirend auferlegt worden waren.

Apographe hieß die Denunciation, wodurch man nachwies, daß ein Andrer Güter besitze und davon nicht steuere. Siegte der Denunciant, so erhielt er drei Viertel der nachgewiesenen Güter zur Belohnung, und übernahm verhältnißmäßig die Steuer; unterlag er, so mußte er 1000 Drachmen Strafe erlegen. Beide Mittel sind mehrere Male von Privatpersonen mit Erfolg angewendet worden, und die Furcht vor der Schande und dem großen Verluste scheint äußerst günstig auf die Wahrhaftigkeit der Angaben über das Vermögen gewirkt zu haben. Wenn auch die Antidosis oder der Vermögenstausch ein fast zu kühner, mit großen Weitläuftigkeiten verbundener Ausweg zu seyn scheint;

so gilt doch, bei veränderter Gerichtsverfassung und Beweisführung, die Behauptung eigentlich nur für unsre, nicht für jene Zeit: dagegen könnte wohl, mit wenigen Modificationen, die Apographe noch jetzt anwendbar seyn.

Man kann Jedem das Recht der Denunciation, und großen Vortheil aus dem Beweise, zugestehen; dagegen aber ihn hart bestrafen, wenn er nicht im Stande ist, seine Anklage durchzuführen. Nur muß, um nicht unzählige Beschwerden aufzuregen, festgesetzt werden, daß die Denunciation nie auf ein geringeres verheimlichtes Quantum, als ein Zehntel des Einkommens, gehen dürfe.

Aus der Trennung des Schuldenwesens der Churmark von dem Schuldenwesen der übrigen Provinzen und der Stadt Berlin, haben sich in die Vorschläge über den Ort, wo die einzelnen Zweige des Einkommens zu besteuern seyn möchten, vielfache Inconsequenzen eingeschlichen. Jede Parthei sucht an sich zu ziehen, ihre Ansprüche über Gut und Person bis in Ewigkeit und bis an's Ende der Welt auszudehnen; wobei man vergißt, Einmal, daß eben dasselbe nicht bloß von der zweiten Parthei geschieht, sondern auch von der zweiten Provinz, dem zweiten Staate, und so fort: — und dann, daß, selbst ohne solche Gegenforderungen, die Ausführung schon an und für sich unmöglich ist. Wenn es z. B. heißt: „Der, welcher sich zur Zeit der Schulden-Contrahirung in der Provinz befand, ist verpflichtet, bis zur letzten Tilgung derselben beizutragen, wo er sich auch aufhalten möge;" so bleiben dies bloße Worte, so lange unsre Executoren nicht in Paris, London, Washington u. s. w., beitreiben und auspfänden können.

Wenn es heißt: „das ganze Einkommen wird an dem Orte, wo sich die Person aufhält, hypothekarische Schulden aber da besteuert, wo das Grundstück liegt;" so ist dies ein Widerspruch in sich selbst. Die Provinz verlangt aus dem letzteren Grunde, daß die Steuer von den Real-Schulden auf Landgüter zu ihr fließe; die Stadt, weil der Empfänger in Berlin wohnt. Die Provinz verlangt, daß der Landbewohner, welcher Kapitalien auf ein Haus in Berlin geliehen hat, Zinssteuer zur Provinzial-Casse, die Stadt verlangt, daß er sie zur Stadt-Casse zahle.

Wenn es heißt: „Einwohner, die während des Krieges zum Theil in der Stadt, zum Theil in der Provinz wohnen, sollen nach Verhältniß der Zeit ihres Aufenthaltes zahlen;" so ist die Bestimmung weder an die Person, noch an das Object geknüpft, sondern lediglich an einen zufälligen, längst verschwundenen, Umstand. Es würde eine große Berechnung erforderlich werden, wie viele Schulden bis zum Tage des Wegziehens wirklich contrahirt, wie viele Lasten ausgeschrieben waren, und dergleichen mehr.

Wie dies alles eingerichtet seyn müsse, zeigen die Brittischen Gesetze aufs deutlichste; nämlich: das gesammte Grundvermögen und alles Einkommen vom Grundvermögen, oder von Kapitalien die auf Grundvermögen radicirt sind, wird da besteuert, wo sich die Sache, das Grundstück befindet; alles rein persönliche, mit keiner Sache in eine beharrliche, dauernde Verbindung tretende

Einkommen wird da besteuert, wo die Person sich aufhält. Hieraus ergiebt sich leicht:

1. ob und in wie weit Fremde, aus dem Lande gezogene, oder in das Land ziehende Personen besteuert werden können; nur muß man sich nicht zu dem Mißgriffe verleiten lassen, die fremden Kapitalien durch harte Besteuerung von der Real-Hypothek los zu reißen und in bewegliches, nicht fest zu haltendes, Vermögen zu verwandeln.

2. Wird die Hebung sicherer, und das Nachfragen, Nachschicken, und — Zu-spät-Kommen vermieden.

3. Wird die Besteuerung ohne Vergleich einfacher und weit weniger veränderlich. — Die Geständnisse muß jeder Einzelne vollständig für alle Zweige seines Einkommens einreichen, damit eine Controlle möglich sey; die Unterabtheilungen derselben aber müssen nach jener Regel sogleich nachweisen, wo die Steuer für die einzelnen Zweige erhoben wird. Ein Beispiel wird zeigen, in welche Verwickelungen man geräth, wenn man alles Einkommen bloß persönlich be-

trachtet, und die Besteuerung nur an die Person des letzten Empfängers und dessen Aufenthalt knüpft.

Ein Rittergut giebt 1000 Thaler Pacht; davon müssen an 10 Creditoren 500 Thaler gezahlt werden. Wie verfährt man nach der Brittischen, von mir gebilligten, Methode? Man sagt zum Pachter: 10 pro Ct. der Rente vom Eigenthümer macht — — — 100 Thaler,
5 pro Ct. von deinem Gewinn
macht — — — 50 —

In Summa giebt das Gut
an Steuer — — — 150 Thaler.

Ferner werden hier 10 pro Ct. von den auf dem Gute stehenden Kapitalien unmittelbar erhoben. Es ist nun deine Sache dich mit dem Eigenthümer; es ist des Eigenthümers Sache, sich mit den Gläubigern zu berechnen.

Steht die Pachtsumme auf 20 Jahre fest, so ist der Steuersatz im Cataster auf 20 Jahre wahr und richtig.

Nun die umgekehrte Weise: die Rente betrug — — — — 1000 Thaler

Davon geht ab für	a 50		
—	b 50		
—	c 50		
—	d 50		
—	e 50		
—	f 50		
—	g 50		
—	h 50		
—	i 50		
—	k 50		
		Summa	500
		Rest	500 Thaler.

Der Eigenthümer wohnt ein halbes Jahr in der Stadt; deshalb wird er dort besteuert mit — 250 —
auf dem Lande mit — — 250 —

Das sind zwei Steuerberechnungen (assessments) und zwei Hebungen; die dritte Berechnung und getrennte Hebung ist die vom Pachter; hierzu 10 Berechnungen und Hebungen von Gläubigern, macht 13 Rechnungen und 13 Hebungen für ein Jahr.

Im zweiten Jahre sind einige Gläubiger ausgeschieden, und neue eingetreten; alle Berechnungen, alle Hebe-Register werden umgeworfen; keine Position bleibt unverändert; die Reste mehren sich: — es ist kein Weg vorhanden, mit unbedingter Gewißheit die Steuer zu bekommen, worüber dort, wo man sich an Einen hielt und das Object der Execution daneben hatte, kein Zweifel vorhanden war.

Die Meinung, daß bei der ersten Methode die Weitläuftigkeiten nur an anderer Stelle erschienen, ist nicht gegründet; denn unbezweifelt tritt Eine Hebung an die Stelle vieler; Eine Position in die auf Jahre unwandelbaren Hebe-Register, anstatt vieler einzelnen Posten in den stets veränderlichen Hebe-Registern. — Vollständige Geständnisse sind für beide Methoden nöthig: dahin soll die vorgeschlagene Abkürzung gar nicht wirken; allein es ist ein großer Unterschied, ob ich solche Geständnisse bloß mit den Büchern vergleiche und ein Zeichen der Richtigkeit dabei eintrage, oder ob ich daraus neue Register bilden muß; ein großer Unterschied, zu sehen, ob Eine Post gehoben ist, oder nach zehn Posten umher zu suchen und umher zu exequiren; ein großer Unterschied, ob die mit wenigen Personen besetzten Behörden alle Berechnungen und Auseinandersetzungen vornehmen sollen, oder ob dies den unzähligen Individuen aufgelegt wird.

Die Steigerung der Procente findet in Brittanien bei den Kapitalien nicht Statt; auch das geringste zahlt den vollen Satz, in der richtigen Voraussetzung, daß jedes Kapital in der Regel eine Einnahme gewährt, die über das minimum hinausführt, welches befreiet bleiben soll. Personen, die unter dem Brittischen minimum bleiben, dürften auch keine Kapitalien besitzen. Die Uebernahme dieses Grundsatzes wegen der Kapitalien, hebt also auch die Bedenken, welche gegen jene Vorschläge über den Ort der Besteuerung allerdings mit Recht erhoben werden könnten, wenn eine Steigerung der Procente für die Kapitalien Statt fände: denn es müßte bei vertheilter Austhuung derselben eine andre Besteuerung erscheinen, als bei der Ausleihung in großen Summen.

Wenn man sich nun aber auch aufs äußerste bemühet, ein Steuer-System nach Grundsätzen aufzuführen, welche die Wissenschaft und die Erfahrung bewährt; so stößt man immer wieder auf ein Grundübel: auf die Trennung des Schuldenwesens der Stadt Berlin von dem Schuldenwesen der übrigen Theile der Churmark, auf die Trennung des Schuldenwesens der gesammten Churmark von dem Schuldenwesen der übrigen Provinzen. Es fragt sich: ist es unmöglich und unrathsam, diese Sonderungen aufzuheben und ein Staats-Kriegesschuldwesen daraus zu bilden? — Gegen den Vorschlag kann angeführt werden:

1. Es giebt kein genügendes Kennzeichen, welches das Aussondern, den Uebergang einer bloß provinziellen Schuld in eine Gesammtschuld aller Provinzen begründet und rechtfertiget;

2. es sind in den verschiedenen Provinzen während des Krieges ganz verschiedene Grundsätze bei Aufbringung der Kriegeslasten befolgt worden: die eine hat sich z. B. mit Natural-Lieferungen und augenblicklicher Uebernahme der

größten Lasten geholfen; die andere hat Schulden contrahirt, und Anfangs ein leichteres Uebel getragen, muß aber deshalb von Rechtswegen auch länger und mehr bezahlen.

3. Erst wenn eine Vergleichung der Principien, der Verhältnißmäßigkeit aller Lasten, der Beschwernisse bis in's Einzelne hinab zu Stande gebracht ist, und wenn dann die Kräfte der Provinzen gleich-vollständig nachgewiesen sind: läßt sich bestimmen, ob eine oder die andere derselben, und welche, prägravirt ist. Da aber diese Voraussetzungen unausführbar erscheinen, so bleibt nichts übrig, als daß jede Provinz ihre Schulden allein trägt.

4. Leichtsinnige Uebernahme der Provinzial-Schulden als Gesammtschulden führt dahin, daß desto unverantwortlicher gewirthschaftet wird, weil man sich auf das Ganze verläßt. Schon jetzt muß jede Provinz für die Fehler haften, welche ihre Administratoren begangen haben, damit künftig ordentlichere und klügere Maßregeln getroffen werden.

Zur Widerlegung dieser Gründe läßt sich behaupten:

1. Wenn man einräumt, daß es Communal-Schulden giebt, die in Provinzial-Schulden verwandelt werden müssen, z. B. Kosten eines Lazareths für ganze Districte; so muß man auch einräumen, daß sich aus den Provinzial-Schulden wahre Staatsschulden aussondern lassen. Bei näherer Einsicht der einzelnen Posten kann die Prüfung um so weniger fruchtlos seyn, da bekanntlich fast alle Europäische Staatsschulden aus Kriegesschulden entstanden sind.

2. Läßt sich, abgesehen von allen Principien über die Tragung und Aufbringung der Lasten, unumstößlich darthun, daß diese Lasten für die Churmark, insbesondere aber für Berlin und Potsdam, bei weitem größer gewesen sind, als in den übrigen Provinzen und Städten. Wenn man nun bei Auflegung der Einkommensteuer dem Einzelnen nichts zu Gute oder zur Last rechnet, weil er diesen oder jenen Grundsatz bei der Tragung der eignen Kriegeslasten für sich angenommen hat; wenn man ihn im Gegentheil nach gleichem Grundsatz und nach seinen wirklich vorhandenen Kräf-

ten in Anspruch nimmt: so muß dieses Princip auch für die Verhältnisse der Provinzen zu einander gelten. Von einer Ausgleichung bis in das kleinste Detail ist hierbei nicht die Rede, sondern nur von Gleichheit der Steuer-Principien: — dadurch wird die Last von selbst gleichmäßig vertheilt.

3. Die Behauptung: „wie der Einzelne seine Fehler und Irrthümer trägt, so die Provinz,“ findet hier nicht Anwendung; denn nicht allein jene Fehler sind zu erweisen, sondern auch die Möglichkeit, daß sie vermieden werden konnten. Zugegeben, daß, nach wissenschaftlichen Ansichten, fast keine der getroffenen Maßregeln zu rechtfertigen ist, so fehlte es auch an allen Bedingungen, unter welchen wissenschaftliche Ansichten zur Anwendung kommen können. Wenn große Geldsummen, große Quantitäten Naturalien, binnen wenigen Tagen, ohne Nachsicht verlangt wurden: so half keine innere Gewißheit, daß die oder jene Besteuerungs-Methode, daß die Natural- oder die Contract-Lieferung die bessere sey; man mußte nehmen, wo etwas war.

Wurden dann Anstalten getroffen, zur Verzinsung der Schuldverschreibungen Geld aufzubringen, so mußte es verausgabt werden, zu neuen Forderungen: das Unglück mehrte sich, ohne daß in jenem Augenblicke vollständige Hemmung möglich gewesen wäre.

Wahr bleibt es indeß bei dem allen, daß viele große Fehler begangen worden sind. Man untersuche, man strafe; aber deshalb die unschuldige Provinz doppelt leisten zu lassen, scheint mit der Gerechtigkeit nicht vereinbar zu seyn.

4. Sobald die früheren fehlerhaften Einrichtungen, z. B. die einseitige Vertretung des Volkes, abgeschafft sind, verschwindet die Besorgniß, daß man in den einzelnen Provinzen, auf Rechnung des Ganzen, schlecht wirthschaften werde. Sobald dagegen die jetzigen Schulden der einzelnen Provinzen getrennt behandelt, verzinset, getilgt werden sollen: müssen in den verschiedenen Provinzen ganz und gar verschiedene Maßregeln ergriffen werden; die neuen Abgaben der einen müssen auf undenkliche Zeit hinaus das Zehnfache von

Für den Buchbinder.

Hier gegenüber ist ein Carton, der am gehörigen Orte eingeklebt werden muß.

ohne irgend einen zureichenden Grund, bisweilen Preussens frühere Größe abgeleitet hat.

Ich bin weit entfernt, zu glauben, daß Englands Fabriken-Ueberlegenheit davon herrühre, daß Brot und Fleisch keine Accise geben, und das Tagelohn deshalb wohlfeiler geblieben sey: wenigstens stimmt dies durchaus nicht mit der gesetzlichen Bestimmung, daß kein Arbeiter zur Einkommensteuer beitragen solle, der wöchentlich nicht über 10 Thaler einnehme. Danach müßten wir, trotz unserer Brot- und Fleisch-Accise, wenigstens um zwei Drittel wohlfeiler fabriciren können, als die Engländer. Ich glaube ferner nicht, daß eine Erhöhung dieser Consumtions-Steuern unsre Fabriken verderben werde; allein es ist unbedenklich, daß sie an sich den Aermern weit härter treffen, als den Reichen, und daß daher stets auf verhältnißmäßige Ausgleichung zu denken ist.

Der dritte Vorzug des Brittischen Accise-Systems ist der wichtigste. Das Edict vom 9. October 1807 muß, bei consequenter verständiger Auslegung und Befolgung, die Hindernisse heben, welche der Vertheilung, Zusammenlegung, Benutzung des Grundeigenthums auf eine gemeinschädliche Weise entgegenstanden: so lange aber der Bann nicht aufgehoben wird, welcher zwischen Stadt und Land besteht, ist das Gute, das dringend Nöthige, kaum zur Hälfte gethan. — Wenn Jeder, nach Neigung, Geschicklichkeit und Vermögen, Grundeigenthum erwerben darf, so muß ihm aus gleichen Gründen auch verstattet seyn, sich jedem Gewerbe zu widmen, damit kein örtliches oder zeitliches Monopol für den Trägen und Ungeschickten bleibe. — So wie der Landbauer kein ausschließliches Recht hat, den Preis des Grundvermögens zu bestimmen, sondern der Städter mit seinem Kapital und seinen Talenten darauf wirkt: so muß auch dieser nicht verlangen, die Concurrenz der andern Classe auszuschließen. Man spricht von Aufhebung der Zünfte in den Städten, bei fortdauernder Bannung der Gewerbe in ihre Mauern. — Freilich ist es immer löblich, das Gute wenigstens anzufangen; allein die Hindernisse, mehr zu thun, sind doch vielleicht nicht unübersteiglich. Der dem betragen, was einige andre entrichten; die eine wird um der andern willen ruinirt; alle Kapitalien, alle Gewerbe müssen sich aus der zu sehr belasteten hinweg ziehen, und der Werth des Grundvermögens muß übermäßig sinken. Nur gleiche Grundsätze der Besteuerung treffen gleichmäßig im Verhältniß der Kräfte; und die Berufung darauf, daß diese Kräfte schon bei Befolgung anderer Principien erschöpft worden wären, wird, wenn sie wahr ist, auch von der Steuer befreien. Geschieht dies nicht, so liegt die Unwahrheit derselben zu Tage.

Die entgegengesetzte Ansicht kann nur entstehen, wenn man im Staate nicht ein einiges, organisch gebildetes, Ganze erblickt, sondern die Anhäufung fremdartiger Theile; wenn man glaubt, daß jede Provinz für sich lebe und bestehe, und nicht alles, was ihr Wohl und Weh betrifft, nothwendig auf das Ganze zurückwirke. Diese Provinzial-, diese Departements-Ansichten haben in früheren Zeiten, mehr als es die Natur der freilich sonderbar zusammengesetzten Monarchie erforderte, das Zusammenwachsen zu einem Ganzen verhindert; sie erscheinen aber jetzt, nach der Ausscheidung fremder Nationalität, bei der Gleichheit der Staatsbürger, noch weit nachtheiliger, als vorher: sie müssen, anstatt zu gegenseitigem Vertrauen und nothwendiger Einigung zu führen, eine Trennung der Gemüther erzeugen und die Falschheit jeder Theorie der Isolirung, durch die Lösung der Theile beweisen, deren innerste Bestimmung dahin geht, sich unlösbar für alle Zeiten zu verbinden.

Unter 60 l. (Pfund Sterling) Ein-
zahlt nichts.

Von 60 l. à 3 d. (Pence) .
= 61 . . . . .
= 62 . . . . .
= 63 . . . . .
= 64 . . . . .
= 65 . . . . .
= 66 . . . . .
= 67 . . . . .
= 68 . . . . .
= 69 . . . . .
= 70 l. à 4 d. . . .
= 71 . . . . .
= 72 . . . . .
= 73 . . . . .
= 74 . . . . .
= 75 . . . . .
= 76 . . . . .
= 77 . . . . .
= 78 . . . . .
= 79 . . . . .
= 80 l. à 5 d. . . .
= 81 . . . . .
= 82 . . . . .
= 83 . . . . .
= 84 . . . . .
= 85 . . . . .
= 86 . . . . .
= 87 . . . . .
= 88 . . . . .
= 89 . . . . .
= 90 l. à 6 d. . . .
= 91 . . . . .
= 92 . . . . .
= 93 . . . . .
= 94 . . . . .
= 95 . . . . .
= 96 . . . . .
= 97 . . . . .
= 98 . . . . .
= 99 . . . . .
= 100 l. à 7 d. . . .
= 101 . . . . .
= 102 . . . . .
= 103 . . . . .
= 104 . . . . .
= 105 . . . . .
= 106 . . . . .
= 107 . . . . .

Zur richtigen Vergleich
Doppelte anzunehmen, da bei
Basis gedacht werden müssen.
unter 156 l. Sterling rühren blo
Einkommens angenommen wurden

I.

hweisung

hen Einkommensteuer, nach dem älteren Plan.

	d.	Ferner:	l.	s.	d.
5	—	Von 108 l. à 7 d.	3	2	—
5	3	„ 109	3	2	7
5	6	„ 110 l. à 8 d.	3	13	4
5	9	„ 111	3	14	—
6	—	„ 112	3	14	8
6	3	„ 113	3	15	4
6	6	„ 114	3	16	—
6	9	„ 115	3	16	8
7	—	„ 116	3	17	4
7	3	„ 117	3	18	—
3	4	„ 118	3	18	8
3	8	„ 119	3	19	4
4	—	„ 120 l. à 9 d.	4	10	—
4	4	„ 121	4	10	9
4	8	„ 122	4	11	6
5	—	„ 123	4	12	3
5	4	„ 124	4	13	—
5	8	„ 125	4	13	9
6	—	„ 126	4	14	6
6	4	„ 127	4	15	3
3	4	„ 128	4	16	—
3	9	„ 129	4	16	9
4	2	„ 130 l. à 10 d.	5	8	4
4	7	„ 131	5	9	2
5	—	„ 132	5	10	—
5	5	„ 133	5	10	10
5	10	„ 134	5	11	8
6	3	„ 135	5	12	6
6	8	„ 136	5	13	4
7	1	„ 137	5	14	2
5	—	„ 138	5	15	—
5	6	„ 139	5	15	10
6	—	„ 140 l. à 11 d.	6	8	4
6	6	„ 141	6	9	3
7	—	„ 142	6	10	2
7	6	„ 143	6	11	1
8	—	„ 144	6	12	—
8	6	„ 145	6	12	11
9	—	„ 146	6	13	10
9	6	„ 147	6	14	9
8	4	„ 148	6	15	8
8	11	„ 149	6	16	7
9	6	„ 150 l. à 1 s. (Schilling). . . .	7	10	—
—	1	„ 151	7	11	—
—	8				
1	3	und so weiter,			
1	10	von jedem l. 1 s. (Schilling).			
1	5				

Sätze mit den neueren ist es nöthig, von jenen immer das
ommensteuer 5 pro Cent, bei der zweiten aber 10 pro Cent als
noch ergebenden Differenzen der Steuern von dem Einkommen
aß erst 60 l. dann aber 50 l. als das Minimum des steuerbaren

Von 50 l. Einkommen wird gezahlt.
Von 51 l. Einkommen .
= 52 . . .
= 53 . . .
= 54 . . .
= 55 . . .
= 56 . . .
= 57 . . .
= 58 . . .
= 59 . . .
= 60 . .
= 61 . . .
= 62 . . .
= 63 . . .
= 64 . . .
= 65 . . .
= 66 . . .
= 67 . . .
= 68 . . .
= 69 . . .
= 70 . . .
= 71 . . .
= 72 . . .
= 73 . . .
= 74 . . .
= 75 . . .
= 76 . . .
= 77 . . .
= 78 . . .
79 . . .
= 80 . . .
= 81 . . .
= 82 . . .
= 83 . . .
= 84 . . .
= 85 . . .
= 86 . . .
= 87 . . .
= 88 . . .
= 89 . . .
= 90 . . .
= 81 . . .
= 92 . . .
= 93 . . .
= 94 . . .
= 95 . . .
= 96 . . .
= 97 . . .
= 98 . . .
= 99 . . .
= 100 . . .
= 101 . . .

chweisung
chen Einkommensteuer, nach dem neueren Plan.

s.	d.	Ferner:	l.	s.	d.
3	—	Von 102 l. Einkommen .	7	16	—
6	—	„ 103 . . .	7	19	—
9	—	„ 104 . . .	8	2	—
12	—	„ 105 . . .	8	5	—
15	—	„ 106 . . .	8	8	—
18	—	„ 107 . . .	8	11	—
1	—	„ 108 . . .	8	14	—
4	—	„ 109 . . .	8	17	—
7	—	„ 110 . . .	9	—	—
10	—	„ 111 . . .	9	3	—
13	—	„ 112 . . .	9	6	—
16	—	„ 113 . . .	9	9	—
19	—	„ 114 . . .	9	12	—
2	—	„ 115 . .	9	15	—
5	—	„ 116 . . .	9	18	—
8	—	„ 117 . .	10	1	—
11	—	„ 118 . . .	10	4	—
14	—	„ 119 . . .	10	7	—
17	—	„ 120 . . .	10	10	—
—	—	„ 121 . . .	10	13	—
3	—	„ 122 . . .	10	16	—
6	—	„ 123 . . .	10	19	—
9	—	„ 124 . . .	11	2	—
12	—	„ 125 . . .	11	5	—
15	—	„ 126 . . .	11	8	—
18	—	„ 127 . . .	11	11	—
1	—	„ 128 . . .	11	14	—
4	—	„ 129 . . .	11	17	—
7	—	„ 130 . . .	12	—	—
10	—	„ 131 . . .	12	3	—
13	—	„ 132 . . .	12	6	—
16	—	„ 133 . . .	12	9	—
19	—	„ 134 . . .	12	12	—
2	—	„ 135 . . .	12	15	—
5	—	„ 136 . . .	12	18	—
8	—	„ 137 . . .	13	1	—
11	—	„ 138 . . .	13	4	—
14	—	„ 139 . . .	13	7	—
17	—	„ 140 . . .	13	10	—
—	—	„ 141 . . .	13	13	—
3	—	„ 142 . . .	13	16	—
6	—	„ 143 . . .	13	19	—
9	—	„ 144 . . .	14	2	—
13	—	„ 145 . . .	14	5	—
15	—	„ 146 . . .	14	8	—
18	—	„ 147 . . .	14	11	—
1	—	„ 148 . . .	14	14	—
4	—	„ 149 . . .	14	17	—
7	—	„ 150 . . .	15	—	—
10	—	„ 151 . . .	15	2	—
15	—	u. s. w. von jedem l. Sterling 2 Schilling.			

Nachweisun

der Land-Eingangs-, Wasserzoll- und Schleusen-Ge

	Benennung der zu entrichtenden Zollabgaben.	Caffee vom Centner			Ru vo Orh
		Rthlr.	Gr.	Pf.	Rthlr.
I.	Land-Eingangs-Zoll . . .	—	—	8	—
	Summa per se :				
II.	Wasserzoll- und Schleusen-Gefälle von Hamburg bis incl. Berlin .				
	Lenzen, Elbzoll	—	—	$10\frac{2}{3}$	—
	Ebendaselbst, Licent . . .	—	1	—	—
	Schnackenburg, Lüneburger-Zoll	—	—	—	—
	Wittenberge, Wasserzoll . .	—	—	4	—
	Cumlosen, adeliger Zoll . .	—	—	—	—
	Havelberg, Wasserzoll . .	—	—	4	—
	Rathenau, Wasserzoll . .	—	—	4	—
	Ebendas. Schleusenzoll . .	—	—	4	—
	Mylow, adeliger Zoll . .	—	—	—	—
	Plauen, Wasserzoll . . .	—	—	4	—
	Brandenburg, Wasserzoll . .	—	—	4	—
	Ebendas. Schleusenzoll . .	—	—	4	—
	Potsdam, Wasserzoll . .	—	—	4	—
	Spandau, Wasserzoll . . .	—	—	4	—
	Berlin, am Bestimmungsorte .	—	—	—	—
	Summa . .	—	4	$10\frac{2}{3}$	1

In Lenzen werden die Gefälle nach dem Ansatz in Banco mit 35 Summe in Ducaten à $2\frac{3}{4}$ Thlr. bezahlt.

In Rathenau erhält die Kämmerei die Hälfte der Brutto-Schleuser

In Brandenburg desgleichen.

In Spandau erhält die Kämmerei die Hälfte der Brutto-Wasserz

...achstehenden Objecten.

...der vom ...iffpfund Gr.	Pf.	Taback vom Schiffpfund Rthlr.	Gr.	Pf.
2	3	—	1	6
1	—	—	2	8
2	—	—	4	—
—	—	—	-	—
1	—	—	2	—
—	—	—	—	—
1	—	—	2	—
1	—	—	2	—
1	—	—	2	—
—	—	—	—	—
1	—	—	2	—
1	—	—	2	—
1	—	—	2	—
1	—	—	2	—
1	—	—	2	—
—	—	—	—	—
1/2	—	1	—	8

..., und die herauskommende

Nachweisung der sämmt

welche in dem Königreiche Preussen auf einer

1) Für 36 Scheffel Gerstenmalz, zu 45 Gr. Preussisch *) für de
2) Zettelgeld . . . . .
3) Consumtions-Servis . . . .
4) Für 30 Scheffel Gerste Umschüttegeld zu 1 Gr. 3 Pf.
5) Für 2 Fuder Darrholz Accise . . .
6) Für 2 Fuder Darrholz Kloben-Servis . .
7) Für ⅔ Achtel Brauholz Accise . . .
8) — — — — — Kloben-Servis . .
9) Für 3 Stein Hopfen . . . .

In Su

oder für die Tonne 76 Gr. 1

Nachweisung der sämmt

welche auf einem Ohm B

1) Für 10 Scheffel Roggen zu 59 Gr. Preuss. .
2) Zettelgeld . . . . .
3) Consumtionsservis . . . .
4) Umschüttegeld . . . .
5) Für ⅓ Achtel Holz Accise . . .
6) — — — — Klobenservis . .

In S

oder für 1 Quart Bra

*) Im eigentlichen Königreiche Preussen ist das B

Reichsthaler	Preussischer Gulden	Preussische Groschen
1	3	90
	1	30
		1

Ein Preussischer Gulden beträgt 8 gute Groschen, und 4 gute

gaben,

von 24 Tonnen ruhen.

	Rthlr.	Gr.	Pf.
.	18	—	—
.	—	2	—
.	1	18	—
.	—	35	—
.	—	13	8
.	—	5	6
.	—	28	10
.	—	10	12
.	—	3	—
.	20	26	—

isch.

---

aben,

in ruhen.

	Rthlr.	Gr.	Pf.
.	6	50	—
.	—	—	12
.	—	40	—
.	—	11	12
.	—	14	5
.	—	5	6
h .	7	31	17

Gr. 9 Pf. Preussisch.

gen folgendes:

sche

ge.

5 Preussische Groschen aus.

III.

Bestimmung

Der Waaren			Zur Consumtion in der Stadt.				Zu…
			zur Versteuerung.		mit Passierzetteln eingegangen.		
Anzahl der Collis	Namen derselben.	Gewicht, Maaß oder Stückzahl.	Datum der Versteuerung.	Nr. des Accise-Journals.	Folium d. Passierschein-Registers.	Nr. desselben.	Fo…

:o	An Zetteln sind ausgegeben:		
o- r.	Abladescheine zu		Niederlagescheine à 4 Gr.
r.	Wasser à 4 Gr.	Lande à 2 Gr.	

Datum der Ankunft.	Laufende Nummern.	Namen des Thores.	Nr. des Thorzettels.	Der Zollexpeditions, Begleitscheine o. Passirschein.		[illegible]
				Datum.	Nummer.	

...n k u n f t.

...amen der		Anzahl der Collis.	Marken und Nummer der Collis.	Inhalt der Collis nach Quantität und Qualität laut Frachtbriefen, Connoissements, Declarationen.	Nummer des Seezoll-Buchhaltereiregisters.	Die Westpreussischen Zollgefälle sind erhoben sub	
...er, ...eu- ...er ...n- ...r.	Waaren-Empfänger.					Dato.	Nro.

FSC
www.fsc.org
MIX
Papier | Fördert gute Waldnutzung
FSC® C083411

Kolibri 360 GmbH
Ferdinand-Jühlke-Straße 7
99095 Erfurt, Deutschland
produktsicherheit@kolibri360.de